KB261051

곽승준 강원택의 미래 토크

곽승준 강원택의 미래 토크

곽승준 강원택의 미래 토크

하이브리드 신인류의 탄생!

곽승준, 강원택 지음

21세기북스

디지털 융복합 시대,
신인류가 몰려 온다

"빠름~ 빠름~ 빠름~"

요즘 유행하는 이동통신회사 광고다. 속도에 민감한 한국인의 그림자가 어른거린다. 한국인 하면 가장 먼저 떠오르는 말이 '빨리 빨리'다. 통신이 느려터지면 속도 터진다. 어디 통신뿐인가? 변화의 속도도 타의 추종을 불허한다. 산업화와 민주화도 압축적으로 이뤄냈다. 남들 300~400년 걸리는 일을 30~40년 만에 뚝딱 해치웠다.

세상은 빠르게 변하고 있다. 내일 일조차 이러쿵저러쿵 예단하기 어려울 만큼 변화의 속도는 나날이 빨라지고 양상은 더욱 복잡해진다. 하여 많은 사람이 이야기한다. 세상을 어떻게 살아야 할지 막막하다고. 한 번뿐인 인생, 그렇다고 함부로 살 수도 없는 노릇이다. 어려운 문제일수록 해법은 뜻밖에 단순하다. 변화의 물결 한가운데로 풍덩 뛰어들어 보자. 피할 수 없는 변화라면 즐겨라. 미래는 온몸으로 변화를 이해하고 자신의 삶 속에 녹여내는 데서 출발한다. 모든 것이 되지 못하면, 아무것도 될 수 없다! 내가 곧 변화요, 변화가 곧 내가 되는 순간 낯선 세상은 비로소 곁을 내준다.

하이브리드 융복합이 세상을 바꾼다

바야흐로 스마트 IT 시대다. 오늘날 세상의 변화를 주도하는 것은 바로 IT 기술의 눈부신 발전이다. 전화기인지, 컴퓨터인지, 게임기인지 모를 스마트폰을 이용해 소통하고 정보를 얻고 오락을 즐긴다. 그 중심에 융복합의 원리가 있다. 만화영화에는 각자 뛰어난 능력을 갖춘 로봇들이 '합체'를 통해 더욱 강력해지는 장면이 나온다. IT 기술도 마찬가지다. 분야와 업종의 경계를 뛰어넘어 기술적 합체를 시도한다. 섞고 나면 훨씬 강력한 상품이 된다. 스마트폰이 그렇다. 이종교배를 통해 쓰임새를 높인 새로운 무엇이다. 그것을 '하이브리드hybrid'라고 부른다. 뜻풀이하면 '잡종' '혼혈'인데 이게 요즘 우리 사회를 바꾸고 있다.

하이브리드 신인류를 중심으로 쿨 보수와 강남 좌파가 등장하고 새로운 정치가 나타나며 자본주의 시장경제가 진화하고 중산층이 두터워진다. 청년이 꿈꾸는 미래 일자리도 서서히 윤곽이 잡히고 있다.

아프니까 청춘이다? 역할이 고프다

대한민국의 2030세대가 아프다고 한다. 아들 세 명 중의 한 명이, 딸 세 명 중에 두 명이 집에서 놀고 있다. 88만 원 세대를 벗어나지 못하는 청춘이 부지기수다. 하지만 젊은 그들은 어설픈 위로나 충고 대신 자신만의 역할을 원한다. 아프니까 청춘이다? 공감은 고맙지만, 역할이 고프다.

2030세대는 디지털 네이티브 세대다. 그들은 IT 융복합 기술에 익숙하다. 손가락 몇 개만 움직이면 일상생활에 아무 지장이 없다. 또 다양한 생각을 끌어안을 줄 안다. 선의의 경쟁을 펼치되 협력도 잊지 않는다. 서로 섞이면서 진화하는 데 능하다. 가히 '하이브리드 신인류'라고 이름 붙일 만

하다. 한국사회는 산업화와 민주화를 이뤄낸 기성세대가 높은 기득권의 벽을 쌓고 있다. 하이브리드 신인류는 그 기득권의 벽을 깨고 세대교체를 하기 위해 부단히 스펙을 쌓는다. 자신의 분야에서 최고가 되려고 구슬땀을 흘린다. 단지 자기 자신만 위해서가 아니다. 그것이 사회에 공헌하는 길이라고 믿고 있다.

그들은 시장경쟁에 익숙하다. 욕망에 쿨하다. 정정당당히 실력을 겨루고 지면 깨끗하게 승복한다. 국내 1등에 안주하지 않고 세계무대를 겨냥한다. 몇 해 전부터 불어온 오디션 프로그램 열풍을 보면 젊은 세대의 면모가 잘 드러난다. 이 사회가 공정한 경쟁만 보장해준다면 불가능한 꿈이란 없다.

지금 국제사회에서 대한민국의 위상은 매우 높아졌다. 젊은 그들이 진정한 하이브리드 신인류로 거듭날 기회다. 대한민국의 DNA를 품고 다양한 문화를 포용하며 지구적 차원에서 경쟁을 즐기는 젊음이 많다. 우리는 그들에게서 미래 한국을 내다본다. 하이브리드 신인류는 과연 우리나라를 어떻게 바꿔나갈까?

강남 좌파 넘어 쿨 보수가 떠오른다

어떠한 사회이건 기득권은 존재한다. 그러나 변화 앞에서 초연할 수 있는 기득권은 없다. 변화의 물결은 누구도 거스를 수 없다. 오로지 변화를 받아들이고 앞서나가는가, 거부하고 뒤처지는가 하는 차이만 있을 뿐이다. 자기혁신이 없는 곳에서는 발전은 고사하고 기존의 안정조차 유지될 수 없다. 하이브리드 신인류에게는 따분한 보수도 수구 진보도 극복의 대상이다. 그 대안이 쿨 보수와 강남 좌파다. 쿨 보수와 강남 좌파는 디지털 융복합 트렌드와 함께 나타났다. 그런 의미에서 둘 다 하이브리드다. 보수와 진보의 이념 갈등을 넘어 실생활에 기초한 합리적 개혁을 추구한다.

　　　하지만 강남 좌파는 '강남 스타일' 껍질을 쓰긴 했지만, 속살은 여전히 낡은 이념에 젖어 있다. 대한민국호가 나아가야 할 비전을 보여주지 못하는 것은 그래서다. 반면 쿨 보수는 하이브리드 신인류와 공감하며 새로운 시대정신으로 떠오르고 있다. 역사의 수레바퀴는 국민의 삶 속으로 굴러가야 한다. 쿨 보수는 시대 흐름에 맞게 정치와 경제를 바꿔 나가려 한다.

신인류가 국정의 주축이 되어야 한다

대한민국에서 정치는 불신의 대상이다. 케이블채널 프로그램의 코너 중에 '여의도 텔레토비'라는 정치풍자 쇼가 있다. 이 쇼에서 텔레토비의 보라돌이, 뚜비, 나나, 뽀를 패러디한 구라돌이(통합진보당), 엠비(청와대), 화나(민주통합당), 또(새누리당)는 틈만 나면 싸운다. 그런데 싸우는 이유를 가만히 보면 대부분 말도 안 되는 것들이다. 그것은 정당정치를 바라보는 국민의 시각이기도 하다. 정당은 국가와 시민사회를 연계하는 통로다. 그런데 민주주의의 꽃이라고 할 수 있는 정당들이 왜 이렇게 불신을 받는 것일까? 말도 안 되는 이유로 싸우고 있기 때문이다. 지역주의라는 조커 카드를 남발하며 자기혁신을 외면하고 있기 때문이다. 국민이 볼 때 소통도 안 되고 진정성도 느껴지지 않는다. 뭘 하든 쇼를 하는 것 같다.

IT 기술의 눈부신 발전은 지역주의 독과점 정당의 위기를 불러왔다. 지금은 국민 개개인이 SNS를 활용해 미디어의 역할을 하는 시대다. 거대한 자본이나 매체를 갖고 있지 않은 일반인도 마음만 먹으면 여론을 형성할 수 있다. 또 촛불집회에서 확인한 것처럼 대규모의 정치 집회도 얼마든지 조직한다. 정당정치의 위기는 하이브리드 신인류가 국정의 주축이 돼야 해결할 수 있다. 지금은 기술발전이 정치 거버넌스를 바꾸는 시대다. 무소속의 시민운동가 박원순이 서울시장에 당선되고 정치라곤 해본 적 없는 안철수가 대선 정국을 흔들고 있다. 이 두 사람의 공통점은 기존 정당정치에 몸담지 않고 정치에 입문했다는 것이다. 이것은 우리나라 정치 거너번스의 변화를 의미한다.

국민에게 정치는 희망으로 다가가야 한다. 다양한 국민의 삶을 아우르고 지역과 세대와 계층이 조화를 이루는 정치생태계가 그 희망이다. 평범하고 작은 꿈들이 수평적으로, 상향식으로 촘촘히 생태계를 짜는 정치가 머지않아 실현될 것이다. 이것이 바로 디지털 융복합 시대에 신인류가 일궈나갈 정치다.

자본주의는 산업생태계로 진화한다

자본주의 시장경제 역시 진화해야 한다. 2012년 봄 실리콘밸리를 방문했을 때다. 세계적인 기업의 임직원들과 인사를 나누고 명함을 교환했다. 그런데 애플 직원들에게 받은 명함이 특이했다. '에반젤리스트*evangelist*'라는 직책이 눈에 밟힌 것이다. 직역하면 '전도사' '복음을 전하는 사람'이란 뜻이다. 기업에서 에반젤리스트는 파트너들을 전도해(?) 자사 플랫폼으로 끌어들이는 역할을 맡는다. 애플은 음원제공자들에게 아이튠스라는 복음을 전하고 게임개발자들에게 앱스토어 천국을 설교했다. 이렇게 그들은 하드웨어, 소프트웨어, 디바이스와 콘텐츠가 융복합된 생태계를 만들었다. 새로운 자본주의의 모델을 창조한 것이다.

한국 자본주의는 경제 집중화로 승자독식의 정글이 되면서 큰 위기를 맞았다. 대기업이 경영을 투명하게 하고 세금을 제대로 내며 일자리를 많이 창출한다면 마땅히 칭찬을 하고 그만큼 예우를 해줘야 한다. 하지만 지금까지처럼 기득권에만 연연하는 모습을 보인다면 경제 민주화 요구의 표적으로 끊임없이 비판에 시달릴 수밖에 없다.

이제 공생 발전과 시장의 공익적 기능을 강조하는 '자본주의 5.0' 시대로 전환해야 할 때다. '버핏세'는 자본주의가 어떻게 바뀌어야 하는지 잘 보여주는 사례다. 미국 최대의 헤지펀드를 소유한 워런 버핏이 부자증세를 통한 사회공헌을 외치고 있다. 나누고 배려하고 기부하는 기업만이 지속적 발전을 보장받는다. 산업생태계 경제는 자본주의 5.0이 나아갈 길이다. 오늘날 지구촌에서는 애플과 구글 등 산업생태계를 잘 일군 기업들이 스마트 IT 시대를 이끌고 있다. 대기업, 중소기업, 1인 창조기업이 협력적 경쟁의 틀을 만들어야 한다. 지적재산권을 가진 동반자로서 함께 진화해야 한다. 모든 길은 생태계로 통한다.

국민이 행복하고 청년이 꿈꾸는 나라

지금 대한민국은 불안공화국이다. 20대는 일자리를 구하지 못해서, 30대는 내 집 마련을 못해서, 40대는 사교육비에 찌들어서, 50대는 노후가 걱정돼서 불안하다. 청년은 결혼을 미루고 여성은 출산을 거부하며 노인은 돈 때문에 삶을 포기한다. 상대적 박탈감을 느끼는 사람들이 나날이 늘어난다.

우리나라가 직면한 현실은 마치 그리스 신화에 나오는 '고르디아스의 매듭'처럼 풀기 어려워 보인다. 하지만 알렉산더 대왕은 그 매듭을 단칼에 끊어버렸다. 미래지향적인 큰 비전이 있으면 꼬일 대로 꼬인 현실도 쿨하게 풀어낼 수 있다. 21세기 대한민국의 국가전략도 다르지 않다. 중산층을 두텁게 하는 것이 지속가능한 미래를 여는 길이다. 튼튼한 사회안전망으로 구멍 뚫린 가계의 지출을 줄이고 일자리를 창출해 소득을 늘리도록 뒷받침해야 한다. 보편적 복지든 선택적 복지든 국민행복을 우선으로 사고하면 된다.

무엇보다 디지털 네이티브 세대에게 어울리는 일자리를 창출할 필요가 있다. 하이브리드 신인류의 창의력과 감수성을 발휘할 수 있는 분야를 육성해야 한다. 그런 의미에서 콘텐츠, 시스템 반도체, 바이오 헬스 산업은 대한민국의 신성장동력으로서 유망하다. 청년이 꿈꾸는 미래 일자리로 손색이 없다.

나는 하이브리드 신인류다

하이브리드 신인류의 본류는 2030 디지털 네이티브 세대다. 하지만 신인류가 꼭 젊은 세대를 뜻하는 것은 아니다. 스마트폰 이용자가 40~50대 중장년층으로 빠르게 확산되고 있다. 디지털 융복합 트렌드를 읽고 선제적으로 변화를 수용하며 자기혁신을 게을리하지 않는 사람들은 모두 신인류에 포함된다.

나 역시 하이브리드 신인류의 정체성을 가지고 일해 왔다. 사교육비를 줄이기 위해 학원 심야교습 금지를 추진하다가 '정책 게릴라'라는 별명도 얻어 봤다. 국민연금 주주권 행사로 국민에게 이익을 돌려주자고 했다가 기득권층으로부터 욕을 먹기도 했다. 그러나 끊임없이 신인류와 소통해 왔기에 소신 있게 일할 수 있었다.

나는 디지털 융복합 시대가 낳은 하이브리드 신인류에게서 대한민국의 희망을 본다. 지금 온 국민이 조화롭게 번영하는 생태계 국가의 미래가 베일을 벗고 우리 곁으로 다가온다. 이 책이 그 시간을 대비하고 자신의 것으로 만드는 데 조금이나마 도움이 되기를 바란다.

끝으로 책이 출간되기까지 협조를 아끼지 않은 21세기북스 관계자들과 나와 '미래 토크'를 함께 해온 이 땅의 모든 젊음에 감사의 마음을 전한다.

2012년 9월
저자를 대표하여 곽승준 씀

제1장

하이브리드 신인류의 탄생

나는 얼리어답터다!

얼리어답터early adopter : 제품이 출시될 때 가장 먼저 사 평가를 한 뒤 주위에
제품의 정보를 알려주는 성향이 있는 소비자군.

사전에 나오는 '얼리어답터'의 뜻풀이다. 이 용어는 미국의 사회학
자 에버릿 로저스가 1957년 자신의 저서 『혁신의 확산Diffusion of Innovation』
에서 처음 사용했다. 당시에는 큰 호응이 없었다. 얼리어답터가 주목을 받
게 된 것은 1990년대 중반 무렵이다. IT 기술의 발달로 첨단기기가 쏟아져
나오자 비로소 뜬 것이다.

지금 우리는 기술의 변화가 개인의 삶은 물론 국가의 운명까지 좌
우하는 시대를 살고 있다. 날이 갈수록 얼리어답터가 늘어나는 이유다. 얼
리어답터는 변화에 민감한 종족이다. 새로운 것에 대한 호기심이 왕성하다.
미래를 예측하고 기회를 선점하려면 변화를 먼저 알아차리고 새로운 것에
빨리 익숙해져야 한다.

나는 얼리어답터다. 태생적으로 그렇다. 학창 시절 나는 형제들에
비해 공부를 못했다. 어머니 표현을 빌리면 엉뚱한 데 한눈파느라 책상머리
에 붙어 있지 않았다고 한다. 나는 모범생인 누나나 동생과 달리 재미없는

공부에 취미를 붙이지 못했다. 대신 운동을 좋아했고 팝송과 무협지를 줄줄이 꿰고 다녔다. 같은 뱃속에서 나왔지만 좀 다른 종족이었던 것 같다.

체질은 쉽게 변하지 않는다. 교수 시절에도 곽승준 하면 엉뚱한 선생님으로 통했다. 2000년대 우리나라에 격투기 열풍이 불었을 때 일이다. K1과 프라이드가 케이블TV로 중계되면서 나도 격투기의 매력에 빠져들었다. 내 노트북에는 격투기 기술이 실시간으로 업데이트되었다. 효도르, 실바, 크로캅의 장단점이 무엇인지 분석했다. 문제는 이론에 그치지 않았다는 것.

영화 〈올드보이〉에는 감금된 주인공이 혼자서 방송을 보고 격투기를 연습하는 장면이 나온다. 체계적인 훈련을 받지는 않았지만 이미지 트레이닝으로 격투기 고수가 된다. 거기서 영감을 얻은 나는 방학을 이용해 몸으로 부딪혀 보기로 했다. 아는 체육과 교수에게 부탁해 실제 격투기 시합을 벌인 것이다.

첫 번째 상대는 프로선수였다. 결과는 1회전 KO패. 영화는 영화일 뿐 현실과는 거리가 멀었다. 경기 시작 30초 만에 항복하고 말았다. 상대선수의 다리를 잡고 넘어뜨려 마운틴 자세로 파운딩* 기술을 쓰겠다는 작전을 세웠다. 실제로 넘어뜨리긴 했는데 바로 길로틴 초크Guillotine Choke**에

* 상대의 배 위에 올라타 타격하는 기술.
** '단두대'란 뜻으로 목조르기 기술의 일종.

걸려 정신이 혼미해졌다. 비록 비공식 시합이었지만 주위 사람들에게 여간 민망한 게 아니었다. 그 길로 도장으로 달려가 개인교습을 받았다.

하지만 두 번째와 세 번째 시합도 결과는 마찬가지였다. 하이킥에 나가떨어져 뇌진탕 진찰을 받는가 하면 눈두덩이 밤탱이가 되도록 두들겨 맞았다. 의사에게는 학생들과 농구 경기를 하다가 다쳤다고 둘러댔다. 이윽고 방학이 끝나자 나는 3전 3패의 아픈 성적을 뒤로하고 격투기계를 떠났다.

혹자는 얼리어답터와 격투기가 무슨 관계냐고 물을지도 모르겠다. 나는 상관이 크다고 생각한다. 이 용어는 단순히 특정 소비자 집단을 지칭하는 개념만은 아닐 것이다. 얼리어답터는 삶의 자세를 반영한다. 새로운 것에 대한 도전을 두려워하지 않고 시시각각 밀려오는 변화의 물결을 개방적으로 받아들이는 태도가 담겨 있다.

내가 첨단기기가 나올 때마다 누구보다 먼저 사온 것도 이 때문이다. 1990년대에는 삐삐와 시티폰을 샀고 2000년대엔 노트북과 무선인터넷을 잽싸게 장착했다. 한동안 들고 다니던 빨간 노트북은 나를 대변하는 아이콘이었다. 강의실이든, 연구실이든, 회의실이든 그걸 꺼내는 순간 나 스스로 파워풀하다고 느꼈다.

모바일기기도 마찬가지다. 나는 요즘 아이폰4S, 갤럭시S 3, 갤럭시 노트를 휴대하고 있다. 아이폰의 풍부한 애플리케이션과 갤럭시의 다양한 기능을 만끽한다. 디지털 디바이스에 아날로그 감성을 접목한 갤럭시 노트도 적지 않은 영감을 준다. 돈 자랑 하는 게 아니다. 미래기획위원장으로서 애플의 소프트웨어 기술과 삼성의 하드웨어 기술이 우리 사회를 어떻게 변화시키고 있는지 체감하는 것이다.

실제로 검색, SNS, 스케줄과 메모 기능이 나의 일상을 바꾸고 있다. 정보이동 속도가 과거와는 비교할 수 없을 만큼 빨라졌다. 아무 때고 어디에서도 정보를 검색할 수 있다. 그 정보로 즉각 쌍방향 소통이 가능하다. 소통의 결과는 편리하게 스케줄에 반영되거나 메모를 통해 나만의 아이디어 뱅크에 쌓인다. 엄청난 엔터테인먼트 기능은 또 어떻고. 간혹 비는 시간이 생겨도 심심할 틈이 없다.

개인의 삶에 불어 닥친 변화의 바람은 더욱 촘촘해진 관계망을 타고 한국사회 전역에 퍼져 나간다. 오늘날의 디지털 융복합 기술은 저마다의 다양한 삶을 엮어 우리 사회를 함께 사는 생태계로 바꿔나가고 있다. 얼리어답터의 자세와 태도를 보이지 못하면 이러한 시대 흐름에 뒤처질 수밖에 없다.

나는 기회가 있을 때마다 주위 사람들에게 최신형기기에 투자하라고 권유한다. 말 그대로 투자다. 새로운 기기에 먼저 익숙해지면 그만큼 삶이 앞서나가게 된다. 빛의 속도로 기술이 발전하는 이즈음이다. 정보, 소통, 감성, 오락 등이 어우러진 디지털 융복합 시대를 첨단으로 느끼며 살아야 한다. 과소비의 선만 넘지 않는다면 그것은 불확실한 미래에 보험을 드는 것과 같다.

지금 내 휴대전화 컬러링은 알리와 용준형의 '촌스럽게 굴지 마'다.

노래방에서는 지나와 김진표의 '미안했어 미안해'를 부른다. 모두 요즘 젊은 친구들이 좋아하는 최신곡이다. 얼리어답터의 피가 세대의 벽을 뛰어넘어 나를 변화의 중심에 자리매김시킨 것이라 믿는다. 2030세대보다 나이는 조금 더 먹었지만 뭐 어떤가. 일이든, 수업이든, 대화든 스스럼없이 통하면 되지.

섞어라,
그러면 훨씬 강력해진다

나는 젊은 친구들과 이야기하는 걸 좋아한다. 학교에서 학생들을 가르칠 때도 그랬다. 2002년부터 2007년까지 고대신문사 주간 교수를 맡았다. 남들다 피하는 보직을 고려대 역사상 가장 오래 해먹었다. 아이들과 함께하는게 재밌었기 때문이다.

소통방식도 권위를 배제하기 위해 노력했다. 내가 교수지만 소통에관한 한 아이들이 한 수 위라고 생각했다. 우리는 신문발간에 관해 의견을나눌 때도 직접 만나는 대신 문자를 주고받았다. 나중에는 신문사 기자들과문자 경연대회를 벌일 만큼 기량(?)이 일취월장했다. 덕분에 아이들과 노래방에 가는 것은 다반사요, 신문사를 넘어 학생회 친구들과도 친분을 쌓을수 있었다.

2012년부터는 '곽승준의 미래 토크(이하 미래 토크)'라는 새로운 형식으로 청년을 만나고 있다. 대한민국의 미래전략 수립을 위해 젊은 친구들과직접 소통에 나선 것이다. 미래 토크는 2030세대의 상상력이 넘치는 자유로운 토론회다. 그 동영상은 팟캐스트에 올려 누구나 휴대전화로 볼 수 있게 했다.

미래는 예측하는 것이 아니라 이렇게 함께 만들어가는 것이다. 당장 내일 무슨 일이 생길지도 모르는 것이 인간사다. 미래를 예측한다는 것은 어쩌면 부질없는 짓인지도 모른다. 복잡계 이론과 나비효과 등은 미래예측의 한계를 과학적으로 잘 설명해 준다. 그러나 공감하고 준비하는 미래는 또 다르다.

더 나은 미래는 현재를 분석하고 바꾸지 않으면 오지 않는다. 우리에게 필요한 것은 뜬구름 잡는 미래가 아니다. 오늘을 사는 우리가 함께 꿈꾸고 정성껏 가꾸는 내일이다. 변화하는 환경에 따른 위기와 기회를 파악하고 진화해나갈 새로운 정치 경제 패러다임을 살펴봐야 한다. 그 주역은 바로 청년이다.

첫 번째 미래 토크는 '파워유저들이 보는 스마트 IT 세계'를 주제로 열렸다. 스마트 IT 세계를 연 아이폰과 갤럭시를 비교하며 국내외 IT산업의 현주소와 발전 가능성을 엿보겠다는 의도였다. 또 스마트 IT 시대가 앞으로 어떻게 펼쳐질지, 우리는 무엇을 준비해야 하는지 함께 모색해보는 자리였다.

패널로는 스마트 IT를 즐기는 파워유저와 블로그 운영자들을 불렀다. 한국 IT는 추격자가 아닌 선도자 위치에 있다. 이제 벤치마킹할 곳이 없다. 그래서 젊은이들의 창의성과 감수성에서 돌파구를 찾아야 한다고 생각했다. 예상대로 아이폰빠와 갤럭시빠의 대결은 초장부터 불꽃이 튀었다.

2012년 현재 우리나라의 스마트폰 가입자는 2,000만 명으로 국민 10명 중 4명이 이용하고 있다. 갤럭시와 아이폰의 치열한 스마트폰 전쟁은 제조사뿐 아니라 사용자 간에도 일어나고 있다. 삼성과 애플이 새로운 모델을 발표할 때마다 어느 스마트폰이 더 실용적이고 뛰어난지 공방전이 이어지고 있다.

이날 미래 토크에서는 흥미로운 이야기가 많이 나왔다. 그중 '아이폰 영화제'에 관한 논쟁이 기억에 남는다. 아이폰을 활용해 누구나 영화를 제작할 수 있고 사용자가 주도하는 영화제가 열리고 있다는 것이다. 그 자리에서 그럼 '갤럭시 영화제'도 한 번 해보자고 제안했더니 얼마지 않아 현실이 됐다.

스마트 IT 세계는 기본적으로 생태계를 이룬다. SNS, 인터넷 전화, 게임, 모바일 뱅킹 등 수많은 기능이 플랫폼에서 공생하며 선택을 기다린다. 사용자는 원하는 애플리케이션을 설치해 소통하고 즐기고 업무를 본다. 이 스마트 생태계는 기기, 소프트웨어, 콘텐츠의 융복합에 바탕을 두고 있다.

융복합은 오늘날 디지털 기술 발전의 중요한 원리다. 로봇 만화영화에는 각자 뛰어난 능력을 갖춘 메카닉들이 '합체'를 통해 더욱 강력한 힘을 발휘하는 장면이 등장한다. 디지털 기술도 마찬가지다. 분야와 업종의 경계를 뛰어넘어 기술적 합체를 시도한다. 섞고 나면 훨씬 강력한 제품과 서비스가 나온다.

스마트폰이 대표적이다. 서로 이질적인 요소가 섞이면서 전화기인지, 게임기인지, MP3인지, 카메라인지 모호해졌다. 이종교배를 통해 부가가치를 높인 새로운 무엇이다. 그것을 우리는 '하이브리드hybrid'라고 부른다. 뜻풀이하면 '잡종' '혼혈'인데 이게 요즘 모든 비즈니스 분야에서 대세를 형성하고 있다.

하이브리드카는 유해가스를 줄이고 연비를 향상한 친환경 자동차다. 하이브리드카에는 두 가지 동력원이 함께 사용된다. 기존 엔진에 전기모터를 결합한 것이다. 일반차량의 에너지 손실은 대부분 교통 혼잡에 따른 공회전 상태에서 발생한다. 하이브리드 시스템은 엔진과 모터를 적절히 제어함으로써 에너지 효율을 극대화했다.

하이브리드는 제품에만 국한되는 게 아니다. 기업도 하이브리드가 급속도로 진행되고 있다. 인터넷 검색 업체 구글이 휴대전화 제조사인 모토로라를 인수했다. 스마트폰과 태블릿이 강한 애플은 TV 사업에 진출해 짭짤한 재미를 보는 중이다. 구글과 애플의 하이브리드 전략에 삼성전자가 긴장하는 것은 당연하다.

자동차도 안전지대가 아니다. 구글과 애플 모두 자사의 장점을 살린 차세대 자동차에 관심을 두고 있다. 앞으로 현대자동차의 가장 강력한 맞수는 하이브리드 기업이 될 전망이다. 벌써 화제가 되고 있는 구글카와 애플카에 맞서 스마트 IT를 접목하고 소프트웨어 발굴에 더욱 힘을 쏟아야 할 것이다.

디지털 융복합 기술에 따른 하이브리드 환경은 우리 사회에도 큰 영향을 미치고 있다. 하이브리드의 전제조건은 다양성과 다원성을 인정하는 것이다. 사회구성원들은 생태계처럼 각자 나름의 존재 이유를 가지며 서로 섞임으로써 강력해진다. 나와 다른 목소리를 포용하는 하이브리드 접근법은 사회통합의 코드요, 미래로 나아가는 길이다.

그런 의미에서 오늘날 대한민국의 2030세대는 '하이브리드 신인류'라고 칭할 만하다. 그들은 디지털 융복합 기술을 만끽하며 이종교배의 생태계를 흠뻑 누리고 있다. 삶의 양식도 과거처럼 극단적인 이분법에 사로잡히지 않는다. 다양한 생각이나 입장을 포용하면서 효율성과 부가가치를 극대화하려고 한다. 물론 신인류라고 해서 꼭 2030세대만 해당하는 건 아니다. 나이 50 먹고 젊은 친구들과 미래 토크에 나선 나 같은 사람도 있으니깐. 자, 그럼 지금부터 하이브리드 신인류에 대해 더 꼼꼼히 알아보자.

6·25는 남침일까, 북침일까?

"너희가 볼 때 6·25가 남침이냐, 북침이냐?"

내가 고대신문사 주간 교수를 맡고 있을 때 일이다. 아이들과 함께 있다가 심심해서 6·25에 대한 질문을 던져봤다. 학생 기자들은 쑥덕쑥덕 자기들끼리 이야기를 나누더니 차례대로 입을 뗐다. 내 예상은 완전히 빗나 갔다. 북침이라고 답하는 아이들이 더 많았던 것이다. 요즘 젊은 친구들은 남한이 북한을 먼저 침략했다고 여긴단 말인가? 나는 짧은 순간이지만 충격에 빠지고 말았다. 그래서 아이들의 생각을 더 들어보기로 했다.

"이 녀석들아, 6·25가 남침이지 어째서 북침이야? 북한이 남한으로 밀고 내려왔잖아."

그러자 한 친구가 손사래를 치며 반박했다.

"선생님, 남침이냐 북침이냐는 누가 했느냐를 기준으로 삼아야 하는 거 아닌가요? 북한이 침공했으니까 북침인 거죠."

그랬다. 사고방식이 다른 거였다. 기성세대는 밀고 내려왔는지, 거꾸로 올라갔는지를 따져왔다. 그런데 이 친구들은 누가 했는지가 더 중요했다. 그것도 모르고 혼자 오해를 한 셈이다. 머쓱해진 나는 어른들에게 북침이 어떤 뜻인지 설명했다.

"북한에서는 남한이 북쪽을 먼저 침략했다는 뜻으로 이 단어를 쓰거든."

이번에는 다른 친구가 웃으면서 말했다.

"우리도 싸울 때는 그래요. 무조건 상대가 먼저 때렸다고 우겨야죠."

그 대답에 나도 아이들도 배꼽을 잡고 쓰러졌다. 그런데 지금 곰곰이 생각해보면 그 대화가 마냥 웃어넘길 일만은 아니었던 것 같다. 기성세대는 경험에서 나오는 편견을 가지고 젊은 친구들을 바라본다. 청년의 사고방식이 어떻게 다른지, 얼마나 합리적인지 따위엔 관심이 없다. 무엇보다 다양성과 다원성에 바탕을 둔 하이브리드 신인류의 습성에 어둡다.

내가 대학을 다닌 1980년대엔 캠퍼스가 운동권문화 일색이었다. 대학생이라면 그 누구도 군사독재를 타도하고 민주주의를 쟁취해야 한다는 시대적 소명에서 벗어나지 않았다. 나 역시 친구에게 돈 3만 원 꿔줬다가 운동권을 도왔다는 죄목으로 경찰에 잡혀간 적이 있다. 그러나 세월이 흐르고 정권이 바뀌면서 이제는 싸울 대상이 없어졌다.

요즘 대학가 풍경은 이렇다. 한쪽에선 일이백 명이 모여서 집회를 하는데 다른 쪽은 오디션 프로그램에 나가기 위해 댄스연습에 몰두한다. 그들은 서로 비난하지 않는다. 다양성을 인정한다. 북한의 3대 세습을 옹호하는 학생이 있어도 타인에게 피해를 주지 않으면 오케이! 그저 철 지난 독일의 나치 신봉자 정도로 생각하고 만다. 그들에게 중요한 것은 내 삶에 어떤 영향을 미치는가이다. 단적인 예가 통일에 대한 인식의 변화다. 1990년대까지만 해도 여름만 되면 통일선봉대 학생들이 국토순례를 했다. 범민족대회에 수만 명이 참석해 세를 과시했다. 비록 반정부 성격이 강하긴 했지만, 통일에 대한 당위성에는 그들을 막는 정부와 다르지 않았다.

하지만 지금은 분위기가 바뀌었다. 서울대 통일평화연구원이 2011년에 실시한 통일의식조사에서 19~29세 대상자 세 명 중 한 명꼴인 32.5퍼센트가 통일이 필요 없다고 응답했다. 기성세대는 북한에 대한 견해차는 있지만 대체로 통일 자체는 언젠가 이뤄져야 한다고 본다. 반면 젊은 세대는 사뭇 다른 사고방식을 보여준 것이다. 기성세대가 가난, 정치적 억압, 냉전이라는 조건에서 살았다면 지금의 20대는 경제적으로 풍요롭고 정치적으로 민주화된 사회에서 자라났다. 그들이 세상을 이해할 수 있었을 때 베를린 장벽은 이미 붕괴하고 없었다. 특히 북한과는 60년 이상의 단절 때문에 공유할 수 있는 경험, 가치, 상징이 사실상 사라져 버렸다.

젊은 친구들에게 북한은 자신의 삶과 무관한 남이거나 잘해야 이웃이다. 굳이 하나로 통일할 필요성을 느끼지 못한다. 북한에 대한 적대감을 표출하는 경우라도 그것은 기성세대와는 전혀 다른 이유 때문이다. 예를 들면 천안함 폭침이나 연평도 포격처럼 북한의 도발이 자신의 삶을 위협할 때 분노하는 것이다. 또래의 생명이 스러지는 걸 보면서 저런 일이 자신에게, 군대 간 남자친구에게 생길까 봐 화가 난다.

그것은 대북 정책을 둘러싼 '보수 꼴통'과 '좌빨 진보'의 갈등구조를 넘어선 변화다. 2030세대는 북한에 일방적으로 퍼주는 햇볕정책은 바람직하지 않다고 본다. 우리 국민이 낸 세금을 왜 허투루 쓰냐는 것이다. 반대로 대북 강경책 일변도로 나가는 것도 원하지 않는다. 괜히 북한을 자극해서 좋을 게 없다는 인식이다.

젊은 세대에게 북한은 더는 경쟁상대가 아니다. 체제경쟁은 이미 대한민국의 승리로 끝났다고 본다. 이제부턴 북한을 제어하면서 실리를 챙기는 게 중요하다. 사안에 따라 단호한 안보태세도 보였다가 적절히 교류협력도 해야 한다는 실용적인 생각이다. 이념을 떠나 나와의 상관성을 우선에 두고 있는 것이다.

그것은 미국에 대해서도 마찬가지다. 요즘 젊은 세대는 과거처럼 이념에 따라 친미와 반미로 갈라지지 않는다. 감정적으로 미국에 대한 반감은 있다. 그냥 센 놈이 싫은 것이다. 세계평화의 수호자처럼 굴며 이 나라 저 나라 간섭하는 모습이 못마땅하다. 학교폭력을 겪으며 자란 세대답게 미국의 이런 태도에서 자신을 억압했던 '일진'을 떠올린다.

그럼에도 미국에 적대적이진 않다. 젊은 세대가 누리는 디지털 융복합 기술의 본산이 미국이다. 할리우드로 대변되는 문화산업은 또 어떤가. NBA(프로농구), MLB(프로야구), UFC(이종격투기)는 젊은이들의 시선을 사로잡고 있다. 반감이 없진 않지만, 꼭 가보고 싶은 나라가 미국이다. 경쟁력을 높이기 위해 미국의 시스템은 배우고 싶은 것이다. 그렇다면 대한민국의 젊은 세대는 왜 자신의 경쟁력을 높이는 데 목숨을 걸까? 하이브리드 신인류는 어째서 글로벌 무대로 눈길을 돌리는 것일까?

청춘은 위로가 아닌
역할을 원한다

양평 용문사에는 천 년 묵은 은행나무가 있다. 둥치는 장정 열 명이 팔을 힘껏 뻗어야 가까스로 안을 만큼 우람하지만, 해마다 새로 돋는 이파리는 가냘프고 여리다.

켜켜이 간직해온 천 년 넘는 세월의 풍상 위에 해마다 새 이파리를 틔워내는 생명력은 가히 경이롭기까지 하다. 아무리 오랜 역사를 간직한 나무라 해도 해마다 조금씩 자라지 않는다면 살아 있다고 말할 수 없다. 살아 있다는 것은 성장하고 변화한다는 것이다. 그것이 생명의 원리이고 본질이다. 자연의 이치는 사회에도 어김없이 작용한다. 제도나 국가도 마찬가지다. 경직이란 노화이고 노화란 머지않아 죽음을 맞는다는 의미이다.

기득권에 안주하는 사람들이 많은 사회는 병든 사회다. 새로운 공기가 유입되지 않으면 방 안 공기가 탁해지듯 오늘의 1등에게 내일의 1등 자리가 노력 없이 보장되는 사회에는 싱그러운 생명력이 돌 수 없다.

2030세대가 아프다. '이태백', 즉 이십대 태반이 백수이라는 신조어가 괜히 나온 게 아니다. 아들 세 명 중의 한 명이, 딸 세 명 중에 두 명이 집에서 놀고 있다. 88만 원 세대를 벗어나지 못하는 청춘이 부지기수다. 양극화 때문인 어쩔 수 없는 현실이라고? 기득권에 안주해온 기성세대는 청년실업에 책임이 없을까?

2011년 최고의 베스트셀러는 『아프니까 청춘이다』였다. 한 마디로 서점가를 강타했다. 이 책은 불안한 미래 앞에 외로이 내던져진 젊음을 따뜻하게 위로한다. 지금 힘들어도 인생의 시계를 보면 갈 길이 더 멀다고, 스펙이 아닌 자신만의 이야기를 만들어 나가라고 충고한다. 다정한 공감의 힘이 듬뿍 담겨 있다.

하지만 나는 위로와 충고 이전에 기성세대의 통렬한 자기반성이 먼저라고 생각한다. 지금의 기성세대는 젊은 시절 산업화와 민주화의 주역이었다. 그 공적을 내세워 각계각층에서 기득권을 주장하면 새로운 세대는 낄 자리가 없다. 공감도 좋지만 기성세대 스스로 기득권을 돌아보고 바로잡을 건 바로잡을 일이다.

그리고 하이브리드 신인류의 생각과 가치를 있는 그대로 받아들여야 한다. 이념 다툼을 일삼는 기성세대에 비해 젊은 층은 미래의 주역이 되기 위해 착실히 노력하고 있다. 지금 20대는 스펙을 쌓는 것도 사회공헌이라고 생각한다. 자신의 경쟁력을 높이는 게 사회의 변화와 발전을 이끄는 힘임을 잘 알고 있다.

어떤 이들은 사회문제를 외면한 채 소위 '취업용 스펙'에 집착하는 젊음을 걱정하기도 한다. 스펙 전쟁을 겪어본 젊은 직장인들이라면 이러한 우려에 고개를 끄덕일 법하다. 하지만 스펙 쌓기는 그만큼 우리 사회가 팍팍해졌다는 뜻이다. 기성세대가 깔아놓은 무한경쟁의 무대에서 스펙 쌓기는 피할 수 없는 과제다.

피할 수 없다면 즐기는 게 상책이다. 지금의 젊은 세대가 그렇다. 기득권의 벽을 깨고 세대교체를 하기 위해 부단히 스펙을 쌓는다. 자신의 분야에서 최고가 되려고 구슬땀을 흘린다. 마지못해 하는 일이 아니다. 자신을 위해서나 사회를 위해서나 의미 있는 일이라고 믿는다. 보기보다 단단하고 미래지향적이다.

기성세대도 자기가 가진 특권을 나눠줄 게 아니라면 오히려 스펙 쌓기를 격려해야 할 것이다. 어설픈 위로나 충고보다는 자기계발을 사회공헌의 한 방법으로 생각하는 젊은 생각과 새로운 가치를 '쿨하게' 인정해야 한다. 2030세대는 나름의 역할을 원한다. 아프니까 청춘이다? 공감은 고맙지만, 역할이 고프다.

"새는 알에서 나오려고 투쟁한다. 알은 세계이다. 태어나려는 자는 하나의 세계를 깨뜨려야 한다."

헤르만 헤세는 소설 『데미안』에서 젊은이들에게 하나의 세계를 깨뜨려야 한다고 말했다. 오늘날 대한민국의 2030세대가 깨뜨려야 할 것은 기성세대가 쌓아놓은 기득권의 성이다. 방아쇠는 바깥이 아니라 내부에 있다. 세상은 선과 악이 뒤엉킨 불확실한 것이지만, 마음의 소리에 귀를 기울이면 자신만의 길이 보인다.

20대의 스펙 쌓기도 자신만의 길을 찾아 나선 것이다. 기성세대의 잣대로 이러쿵저러쿵 재단할 일이 아니다. 나는 젊은 친구들이 자신의 분야에서 노력하는 모습을 볼 때마다 절실함을 느낀다. 런던올림픽 레슬링에서 금메달을 딴 김현우 선수를 보라. 나만큼 땀 많이 흘린 놈 있으면 나와 보라 는 말 속엔 절실한 훈련의 시간이 담겨 있다.

요즘 유행하는 오디션 프로그램에서 참가자들이 들고 나오는 비장의 무기도 다르지 않다. 노래도 좋고 춤도 좋다. 하지만 청중의 마음을 움직이는 것은 노력에서 우러나오는 절실함이다. 그 절실함에 감동해 그를 응원하고 마침내 꿈을 이룰 수 있도록 돕는다. 나도 파울로 코엘료의 『연금술사』에 나오는 명문을 빌려 하이브리드 신인류의 그 절실함을 응원하고 싶다.

"당신이 무언가를 간절히 원할 때 온 우주가 그 소망이 실현되도록 도와줍니다."

지구적 차원에서
경쟁을 즐긴다

내가 경제학을 공부하러 미국에 유학 갔을 때 가장 낯설었던 것 중의 하나가 바로 자본주의 마인드였다. 1980년대 운동권 문화에 익숙해 있던 나는 스스럼없이 욕망을 드러내고 경쟁을 즐기는 미국학생들이 선뜻 이해가 가지 않았다. 내 기숙사 룸메이트만 해도 그랬다. 그는 방에 포르셰 사진을 붙여놓고 그걸 타기 위해 공부하는 거라고 떠들었다. 그것은 '민족중흥의 역사적 사명을 띠고' 유학을 온 나에게 씻을 수 없는 문화충격이었다. 뭐 이런 나라가 다 있나 싶었다.

그런데 요즘 우리나라의 2030세대를 보면 그 이상이다. 자본주의 경쟁에 익숙하다. 취향과 욕망에 쿨하다. 자기 분야에서 최고가 되려고 노력한다. 정정당당히 겨루고 지면 깨끗하게 승복한다. 국내 1등에 만족하지 않고 세계무대를 겨냥한다. 몇 해 전부터 불어온 오디션 열풍을 보면 젊은 그들의 면모가 잘 드러난다.

지금 대한민국은 '오디션 공화국'이다. 노래뿐 아니라 춤, 개그, 오페라, 아나운서 등 경연을 펼치는 장르도 다채롭다. 오디션을 활용한 서바이벌 방식은 방송 프로그램을 넘어 사회 전 분야로 확대 재생산되고 있다. 기업의 아이디어 공모도, 백화점의 모델 선발도, 포털사이트의 커뮤니티 시상도 오디션 열풍에 합류했다.

어떤 의미에서 오디션은 자본주의사회의 표본이다. 오디션의 생명은 '공정한 경쟁'이다. 심사나 판정이 공정하지 않으면 엄청난 비판에 휩싸이면서 오디션의 의미가 퇴색하고 만다. 시장경쟁도 마찬가지다. 시장이 공정성을 잃으면 불신과 갈등이 자라난다. 그걸 내버려두면 자본주의 사회의 존립마저 위태롭게 된다.

'멘토링 시스템'은 또 다른 의미에서 자본주의의 속성을 보여준다. 멘토링 시스템은 오디션에서 낙오된 사람을 트레이닝해 재기의 기회를 준다. 그 과정을 지켜보면서 시청자들은 감동과 희망을 느낀다. 자본주의 역시 계속 진화하려면 무한경쟁에서 밀려난 사람들을 끌어안아야 한다. 그게 바로 따뜻한 시장경제다.

젊은 세대가 오디션에 열광하는 것은 이 때문이다. 그들은 기성세대보다 자본주의 교육이 훨씬 잘 돼 있다. 시장경제의 속성과 방향을 체질적으로 꿰고 있다. 오디션의 '공정한 경쟁'과 '멘토링 시스템'은 한국 자본주의의 병폐에 지친 젊은이들에게 오아시스처럼 다가왔을 것이다. 그래서 물 만난 물고기처럼 오디션에 뛰어드는 것이다.

문제는 이 사회가 오디션만 못하다는 점이다. 젊은 세대는 사회문제도 자신의 삶을 중심으로 바라본다. 그들은 재벌이 탈세와 편법상속을 하고 언론과 정부기관 등을 통제하려는 모습을 좋아하지 않는다. 마치 절대권력처럼 비치기 때문이다. 그러나 개인적 차원에서는 고임금 직장이나 대기업을 선호하는 것이 사실이다. 그렇다고 젊은이들을 이율배반적이라고 비판하는 것은 구시대적 발상이다.

자본주의 경쟁에 익숙한 2030세대는 각자의 역량개발 노력에 따라 합당한 대우를 받는 것을 자연스럽게 생각한다. 이념이 아닌 현실을 택하는 것이다. 매우 실용적인 삶의 태도다. 다만 그들이 비판하는 것은 학연이나 인맥 등 불공정 요소가 개입되는 경우다. 젊은 세대에게 공정한 경쟁이란 중요한 사회적 덕목이다. 나아가 한번 넘어져도 다시 일어설 수 있는 시스템까지 갖춰진다면 금상첨화다.

흔히 어른들은 경쟁하면 공부만 생각한다. 그러나 아이들은 공부 말고도 가치가 있는 일들이 많다는 걸 안다. 요즘 중고등학교에선 공부 잘하는 아이들이 별로 인기가 없다. 대신 자기만의 탤런트가 있는 아이들이 커뮤니티를 이끈다. 춤 잘 추고, 노래 잘 부르고, 운동 잘하는 아이들이 학생회장이 된다. 부당한 개입이 없는 공정선거라면 말이다.

그 연장 선상에서 젊은 세대는 저마다 자신만의 분야를 파고든다. 한 사람이 너무 많은 데 관심을 두면 죽도 밥도 안 된다. 자기 분야에서 경쟁력을 갖는 게 중요하다. 좁은 데서 아웅다웅하는 것도 싫어한다. 외국어 실력을 길러 더욱 넓은 무대로 나가길 원한다. 국제 경쟁력을 갖추고 싶어 하는 것이다.

아시아의 언어? 아시아의 물개? 과거에는 아시아 최고만 돼도 난리가 났다. 그러나 요즘은 눈이 훨씬 높아졌다. 지구촌 젊은이들이 K-POP

스타들에게 열광한다. 비보이, 팝 핀 댄스 모두 세계대회 나가면 1등 먹는다. 미국 LPGA 무대는 한국 여성 골퍼들이 장악했다. 축구는 월드컵 4강에 이어 올림픽 동메달까지 따냈다.

노래, 춤, 운동뿐만이 아니다. 세계적 기업에 진출해 외국인 동료와 치열하게 경쟁하는 젊은이들이 급증했다. 나는 2012년 초에 실리콘밸리를 방문한 적이 있다. 구글, 애플, 드림웍스 등 세계적인 다국적 기업에서 한국 젊은이들을 적지 않게 만날 수 있었다. 학계도 마찬가지다. 요새는 한국 대학에서 교수로 임용되어도 미국, 영국, 프랑스 등 공부했던 나라로 돌아가는 학사들이 많다.

물론 세계를 주름 잡는다고 조국을 잊고 사는 건 아니다. 그들 젊은 세대는 대한민국에 대한 긍지와 자부심을 느끼고 있다. 그럴 만한 게 삼성, 현대, LG 등 한국기업이 세계시장으로 뻗어 나가고 있다. 박찬호, 박지성, 김연아 등 스포츠 스타가 국제무대에서 활약하고 있다. 대장금, 소녀시대, 싸이 등 한류는 지구촌의 사랑을 듬뿍 받고 있다.

오늘날 국제사회에서 대한민국의 위상은 매우 높아졌다. 이를 뒷배 삼아 젊은 그들은 진정한 하이브리드 신인류로 거듭나고 있다. 대한민국의 DNA를 바탕으로 다양한 문화를 포용하면서 지구적 차원에서 경쟁력을 배가시키는 것이다. 우리는 그들에게서 '실사구시의 나라 대한민국' '세계 초일류국가 코리아'의 미래를 본다.

하지만 하이브리드 신인류의 경쟁력만 보고 미래가 순탄할 것이란 예단은 금물이다. 한국인의 의식구조에 어떤 변화가 있는지, 대한민국의 정치-경제는 어디로 가야 하는지, 정부와 민간이 무엇을 준비해야 할지 가늠해볼 필요가 있다. 미래 주역으로서 하이브리드 신인류의 자리매김은 내일을 보는 눈으로 오늘을 직시하는 데서 출발한다.

제2장

탈이념의 총아,
쿨 보수와 강남 좌파

국민은 살려 달라 외치는데……
이념 갈등이 공허한 까닭

보수-진보의 깃발 아래 끊임없이 다툰다. 국회에서 망치와 절단기까지 동원하고……. 세계인의 이목을 단번에 끄는 단골 해외토픽이다. 하지만 그들이 목숨 걸고 싸우는 이념의 차이는 무엇이고, 그러한 구분은 얼마나 일관성이 있을까?

보수-진보는 고정불변한 것도 독립적으로 존재하는 것도 아니다. 시대와 나라에 따라 달리 나타난다. 대립하는 서로를 통해서만 성립된다. 보수-진보의 이념은 원래 공적인 의제를 형성하는 기준으로 쓰였다. 그러나 이분법의 진영논리로 사적 욕망을 추구하는 정치인들도 적지 않은 실정이다.

중요한 것은 최근 대한민국 국민의 일상에서 보수-진보의 이분법이 퇴색하고 있다는 점이다. 현실에서는 많은 사람이 이념의 틀에서 벗어나고 있으며 그 속도는 나날이 빨라지고 있다. 그렇다면 우리나라에서 보수-진보의 이념은 어떻게 형성되었으며 왜 힘을 잃어가고 있는 것일까?

해방 이후 한국사회의 가장 절박한 과제는 '생존'이었다. 국제적인 냉전의 도래와 우리 사회 내부의 이념 갈등을 겪으면서 한반도는 두 개의 나라로 분단되었다. 분단은 북한의 남침으로 이어져 3년간 처절한 전쟁을 겪게 되었다. 한국전쟁과 함께 남한 주민의 북한에 대한 불신과 증오는 극에 달하게 되었다.

전쟁이 끝나자 북한의 군사위협으로부터 대한민국이라는 정치공동체의 '생존'을 확보하는 것이 가장 중요한 문제가 되었다. 생존을 위한 노력은 '반공'이라는 이데올로기로 포장되었다. 반공주의는 국가보안법을 비롯한 내부통제의 강화로 이어졌다. 권력을 장악한 쪽에게는 효율적인 지배의 논리이기도 했다.

이승만, 박정희, 전두환 정권은 반공주의를 내세워 자유민주주의 체제의 근간을 적지 않게 훼손했다. 시민의 자유와 권리는 반공이라는 명분 앞에 종종 무시되었다. 권력에 대한 저항은 경찰, 군, 정보기관 등 국가의 물리력에 의해 억압되었다. 북한의 위협으로부터 생존의 절박함을 느끼는 다수 국민의 불안감을 권력을 연장하려는 통치세력이 적절히 이용한 것이다.

그 결과 북한 공산체제로부터 자유민주주의를 지켜야 한다는 논리와 그래도 자유민주주의의 핵심원칙이 훼손되어서는 안 된다는 논리가 오랜 세월 갈등을 빚었다. 한국의 보수는 반공을 통한 체제의 생존을 중시했으며, 진보는 자유민주주의 체제의 원칙을 강조해왔다. 반공주의를 둘러싼 보수와 진보 사이의 갈등은 1987년 민주화 이후 다소 변형된 형태로 되살아난다.

1980년대 후반 한국사회는 대내외적으로 매우 중대한 변화를 겪게 되었다. 내부적으로는 1987년 6·29선언으로 권위주의 체제가 무너지고 민주화로 이행하게 되었다. 또 국제적으로는 소련과 동유럽의 붕괴 때문에 탈냉전의 시기로 접어들었다. 여기에 이 무렵부터 남북한 간의 경제력 격차가 현격한 수준으로 커지면서 북한을 바라보는 시각도 조금씩 바뀌었다.

이러한 국내외 환경 변화는 그동안 한국 정치를 지배해 온 반공주의를 근본적으로 약화시켰고 실제로 의미 있는 정책전환이 일어났다. 민주화 이후 집권한 노태우 대통령은 이전과는 다른 대외정책을 추진했다. 소련 등 구 동유럽 국가는 물론 1992년에는 한국전쟁 때 서로 맞섰던 중국과도 수교를 이뤄냈다. 한반도 내에서도 남북기본합의서를 교환하고 고위급 각료회담을 진행했다. 이런 움직임은 김영삼 정부 때에도 계속되었다.

김대중 정부 출범 이후에는 '햇볕정책'으로 남북관계가 새로운 전기를 맞았다. 이 노선은 노무현 정부 시기까지 이어져 왔다. 사실 이명박 정부의 공약이었던 비핵개방3000*도 따지고 보면 햇볕정책의 연장선에 있다. 그러나 변화된 대북정책과 한풀 꺾인 반공주의는 한국 사회 내부에 또 다른 갈등의 요인이 되었다. 대북관계를 둘러싼 갈등은 단순한 대북정책의 방향만을 반영한 것이 아니라 더욱 폭넓은 인식의 차이를 담고 있었다.

보수의 시각은 탈냉전이 되었다고 해도 북한은 변화하지 않았으며 여전히 우리를 위협하는 적대적인 존재로 남아 있다는 것이다. 따라서 이전

---

* 북한이 핵무기 개발을 포기하겠다는 의지를 보이고 개방에 나서면 북한의 1인당 국민소득이 10년 안에 3000달러가 되도록 경제지원을 하겠다는 대북정책 대선공약.

의 반공주의는 여전히 유효하며 그 근간을 흔드는 것은 우리 체제와 생존을 불안하게 만든다는 논지다. 북한을 바라보는 보수의 시각은 여전히 불신과 적대감에 기초해 있다. 반면, 진보적 태도는 반공주의가 권위주의 체제의 통치수단으로 악용되었다는 점을 강조한다. 국내외 환경이 변화된 만큼 반공주의에서 벗어나야 한다는 것이다. 반공주의를 바라보는 진보 시각 역시 불신과 적대감이다.

북한과 반공주의에 대한 두 진영의 인식차이는 시장경쟁이냐 국가 개입이냐, 성장이냐 복지냐를 저울질하는 경제정책으로 확산하였다. 근본적인 가치관의 차이를 드러낸나는 점에서 이념석 살등의 중요한 축이 되어왔다.

이렇게 첨예하게 대립해왔던 보수−진보의 이념이 퇴색한 것은 1997년 IMF 위기를 겪으면서부터다. IMF 위기를 극복하는 과정에서 우리 국민은 양극화와 중산층의 붕괴에 직면했다. IMF 관리체제 이후 한국 기업 네 곳 가운데 한 곳이 정리해고, 권고사직, 명예퇴직 등을 통해 종업원을 내보냈다. 그들 중 상당수는 중산층에서 저소득층으로 추락했다.

소득격차가 커지고 언제 빈곤층으로 전락할지 모른다는 위기의식이 팽배해지자 국민은 정치권에 살려달라고 외쳤다. 하지만 정치권은 귀를 막고 보수−진보의 구태의연한 이념 갈등만 되풀이했다. 결국 2008년 금융위기 이후에는 양극화가 굳어지는 양상이다. 국가 전체의 경제위기는 잘 극복했지만, 저소득층에서 중산층으로 올라설 수 있다는 희망은 가물가물해

지고 있다. 국민으로선 이념도 진영논리도 공허하게 들릴 수밖에 없게 된
것이다.

역사의 수레바퀴는
국민의 삶 속으로 굴러가야 한다

서울대학교 통일평화연구원의 2010~2011년 통일의식조사 결과는 보수-진보 이념 갈등의 핵심인 대북관계에 대해 우리 국민의 인식이 어떻게 바뀌고 있는지 보여준다. 국민은 천안함 폭침, 연평도 포격, 북핵 문제 등 북한의 도발에 대해서는 단호하고 강력한 제재가 필요하다고 생각한다. 하지만 대북 교류협력 사업을 아예 중단하거나 북한을 자극하는 행위는 또 반대한다. 예컨대 금강산 관광 재개, 개성공단의 유지 등은 더욱 유연한 태도를 요구하는 것으로 나타났다. 대북정책의 방향이 어느 한 쪽으로 치우쳐서는 안 된다는 사회적 합의가 형성되어 가고 있는 것이다.

통일에 대해서도 마찬가지다. 과거 대북관계를 둘러싼 보수와 진보의 갈등은, 북한을 바라보는 시각의 차이에도, 모두 통일을 전제로 하는 것이었다. 보수는 북한에 대한 압박을 통해 붕괴를 유도하고 이를 통해 흡수 통일하자는 처지였다. 그리고 진보는 북한과의 교류 확대를 통해 신뢰와 상호의존을 강화함으로써 궁극적으로 통일로 나아가자는 것으로 볼 수 있다.

그러나 최근 들어서는 통일을 아예 원하지 않는 이들의 수가 점차 늘어나고 있다. 통일이 내 삶에 방해가 되지는 않을까, 통일한다고 세금을 더 내라고 하지는 않을까 염려한다. 그래서 차라리 통일보다 평화로운 공존을 선호하는 사람들이 증가하는 것이다. 사실이지 남한 인구의 절대다수는 남한에서 태어나서 자란 세대이다. 그들은 분단 이전의 삶에 대한 기억을 지니고 있지 않다. 규범적으로는 통일의 필요성에 공감할 수 있을지 모르지만, 일상적인 삶 속에선 그다지 중요하지 않다.

경제영역에서도 보수-진보의 이념 갈등이 힘을 잃어가고 있다. 사회주의 진영의 붕괴, 뒤이은 세계화, 정보화의 물결 속에서 이제 자본주의는 인류의 보편적인 체제가 되었다. 한반도 내에는 여전히 서로 다른 체제가 공존하고 있지만, 남북 간의 경제격차 확대와 함께 체제 경쟁은 의미가 없어졌다. 기본적인 생존을 보장해 주지 못하는 북한 체제는 대안이 될 수 없다.

그러나 이와 함께 자본주의 체제의 문제점에 대한 우려도 점차 커지고 있다. 신자유주의 경제 질서의 한계가 드러나면서 '월가 점령 시위' 등 새로운 경제 질서에 대한 요구가 높아지고 있다. 2011년 빈부격차 심화와 금융기관의 부도덕성에 반발해 월가에서 일어난 시위는 이후 미국 전역으로 확대된 바 있다. 신자유주의가 일으킨 양극화, 고용불안, 금융위기 문제에 대한 해법이 절실한 상황이기 때문이다.

시장경쟁이냐 국가개입이냐, 두 가지 대안 중 하나를 선택하라는 것도 현실에 맞지 않는 말이 되어버렸다. 이제는 성장이나 개발을 이야기하면 보수고, 분배나 복지를 주장하면 진보라는 단순 구분도 이제는 불가능해졌다. 최근 젊은 층에서는 '성장 없는 복지'가 언어도단이듯 '복지 없는 성장'도 어불성설이라는 균형감 있고 융합적인 인식이 점차 늘고 있다. 그동안 격렬한 이념 갈등을 가져온 대북관계나 경제정책이 과거와는 전혀 다른 환경으로 변모하면서 보수-진보라는 이분법은 구시대의 유물이 돼가고 있다. 대신 역사의 수레바퀴는 국민의 삶 속으로 굴러가고 있다.

요즘 젊은 세대는 지나치게 이념을 내세우는 정치인에 대해서는 고개를 가로젓는다. '구제불능'이라는 뜻이다. 답 안 나오는 이념보다 손에 잡히는 현실을 기준으로 삼는 세대이기에 오히려 더 선명하고 깔끔하다.

무엇보다 주목할 점은 20대와 30대 나아가 40대까지 본인의 삶과 관련된 문제점을 우선시한다는 것이다. 가령 20대의 경우 자신의 미래가 걸린 취업이나 비정규직 문제에 가장 많은 관심이 있다. 30대는 결혼 때문에 내 집 마련과 보육문제에 신경을 많이 쓴다. 40대도 자녀교육과 노후설계가 당장 발등에 떨어진 불이다.

젊은 층이 실질을 중시하기 시작했다는 것은 우리 사회의 발전에도 긍정적인 변화다. 이념이라는 안경은 그것을 쓰는 순간부터 세상을 180도 다르게 보여주는 마력이 있다. 젊은 세대도 자신이 좋아하는 정치인이 생기면 간접적으로 이념의 마력을 경험하기도 한다. 하지만 최종적인 결론은 발 딛고 선 현실과 실생활에 근거해 내린다.

그것은 요즘 젊은 세대의 최대장점이다. 선과 악을 이분법으로 나누는 관념론은 긍정적 측면과 부정적 측면이 동전의 양면처럼 공존하는 현실 앞에서는 공허한 것이 될 수밖에 없다. 그러나 젊은이들은 경직된 이념에 파묻히지 않고 현실에 맞는 유연한 사고가 가능하다. 정과 반을 합하는 균형감 있고 변증법적인 태도를 지니고 있다.

그래서 자신이 보수성향이라고 말하는 사람들도 경제민주화, 재벌 집중화, 비정규직 문제에 대해서는 대한민국의 미래를 위해 개혁할 필요가 있다고 한다. 진보성향이라고 말하는 사람도 천안함 폭침이나 연평도 포격에 대해서는 거침없이 북한을 비판한다. 개개인의 이념적 태도가 정책 사안마다 각기 다르게 나타난다. 즉, 정형화된 인간에서 벗어나 하이브리드 체질로 바뀌고 있는 것이다.

따분한 보수와 수구 진보 모두에게 자기혁신이 불가피하다

"빠름~ 빠름~ 빠름~"

요즘 한 이동통신회사의 광고가 화제다. 인기그룹 버스커버스커를 모델로 기용해 자사의 통신망이 빠르다며 홍보에 열을 올리고 있다. 한국 사람들은 속도에 민감하다. 통신이 느려터지면 분통도 함께 터진다. 남들 300~400년간 이룩한 산업화와 민주화를 30~40년 만에 압축적으로 이뤄낸 데는 다 이유가 있다.

변화의 속도에 대해서도 같은 자세를 취한다. 흔히 사람들은 보수주의는 '점진적 개선'을 지향하고 진보주의는 '급진적 개혁'을 지향한다고 구분한다. 과연 그럴까? 우리 사회에서 보수에 붙여진 '점진적'이라는 수식어는 점차 '기다리다 속 터지겠다'는 부정적 어감으로 바뀌고 있는 것이 현실이다. 물론 보수주의자들이 먼저 반성할 문제다. 국민이 기대하는 변화의 속도는 나날이 빨라지고 있다. 그에 부응하지 못하고 있다는 방증이기 때문이다.

물론 현실적 실현 가능성, 예측 가능성, 지속가능성을 자세히 짚어보지 않고 경솔하게 판단하는 것은 무모한 행위다. 현재의 사람들뿐만 아니라 미래세대의 삶까지 판돈으로 거는 도박이나 다름없다. 국가정책은 시간이 허용하는 한 최대한 자세히 분석하며 점진적으로 개선해나가는 것이 일반적이고 타당한 방법이다. 하지만 점진적 개선은 언제나 합리적이고 급진적 개혁은 혼란만 가져올 것이라고 예단해서도 안 된다. 때로는 머뭇거리지 않고 판 자체를 흔드는 과감한 개혁이 필요하기 때문이다. 과거 김영삼 정부 때 단행된 금융실명제가 대표적이다.

이 시기에 공직자 재산공개, 부동산실명제, 하나회 청산 등 일련의 굵직굵직한 개혁이 추진된 것은 주지의 사실이다. 그 가운데 건국 이래 가장 파격적 조치로 꼽히는 것은 1993년 8월 12일 대통령 긴급명령으로 전면 시행된 금융실명제였다. 금융실명제는 뿌리 깊은 망국병이었던 정경유착의 고리를 제도적으로 끊고 자유민주주의를 더욱 튼튼하게 다진 기념비적 개혁이었다.

1992년 우리나라의 경제성장률은 전년도의 9.1퍼센트에서 5.1퍼센트로 급락했다. 가뜩이나 침체한 경제를 금융실명제가 더욱 깊은 수렁으로 몰아넣을 것이라는 우려도 컸다. 정부는 기존 실명법을 보완하는 점진적 방식으로는 죽도 밥도 안 되리라 판단했다. 법 개정 절차를 거치는 동안 금융시장의 동요가 눈덩이처럼 커질 것이 분명했다. 부작용을 최소화하기 위해 긴급명령 방식을 택한 것은 결과적으로 현명한 판단이었다.

부수적으로 전두환, 노태우 두 명의 전직 대통령이 가·차명계좌로 조성한 수천억 원의 불법 비자금도 만천하에 드러났다. 두 사람은 법정에 세워졌고 전 세계가 대한민국의 변화를 주목했다. 과단성 있는 개혁이 한국 정치와 경제의 투명성을 크게 높였고 사회의식의 일대 전환을 가져온 본보기였다. 금융실명제가 급진적이고 과감하게 이루어졌다는 사실이 주는 교훈은 분명하다. 점진적으로 고쳐나갈 것인가, 급진적으로 판을 흔들 것인가를 판단하는 것은 사안마다 달라야 한다. 보수주의자이건 진보주의자이건 점진과 급진의 양 극단을 고수하는 것처럼 어리석은 일은 없다는 말이다.

세상은 빠르게 변하고 있다. 바로 내일조차 정확히 예측하기 어려울 만큼 변화의 속도는 나날이 빨라지고 양상은 더욱 복잡해진다. 그럼에도 누구나 합의할 수 있는 하나의 방향은 변함이 없다. 인류 보편의 가치와 합리적 이성에 입각한 자유롭고 정의로운 세상이 바로 그것이다. 하지만 더 나은 세상은 변화를 위한 노력이 없이는 절대 오지 않는다.

시대의 변화를 도저히 받아들이지 않으려는 사람을 마주할 때는 누구나 답답함부터 느낀다. 이쪽에서는 지금과 앞날을 말하는데 상대방은 지난날만 이야기한다면 대화는 제자리를 맴돌 뿐 한 치 앞도 나아가지 못한다. 사고의 초점이 지나치게 과거에 머물러 있거나 자신의 생각과 다르면 덮어놓고 귀를 닫는 사람은 어디에서도 환영받지 못한다. 보수이건 진보이건 미래를 보는 눈으로 현실을 직시하지 않는다면 국민의 외면을 받을 수밖에 없다. 지금처럼 과거만 붙잡고 변화하지 않으면 머지않아 퇴출이 불가피하다. 대한민국 국민은 유연성이 부족하고 기득권만 지키는 보수를 따분하게 여긴다. 생각이 1970~1980년대 운동권 수준에 머문 진보에도 수구라는 비판을 서슴지 않는다.

따분한 보수도 수구 진보도 자기혁신이 절실하다. 물론 개인의 일상 생활과 달리 국가의 정책수립 과정에서 유연하다는 것은 말처럼 쉬운 일이 아니다. 특히, 기득권의 판을 과감히 흔들고자 할 때는 변화를 거부하는 내부 반대자들의 거센 공격부터 각오해야 한다. 가장 흔한 비판은 '중심 없이 이리저리 흔들린다'는 공격이다.

하지만 그 '중심'이란 것도 따지고 보면 기존의 정치적 이념인 경우가 많다. 국가의 정체성에 대한 생각만 확고하다면 자신을 바꾼다고 문제될 것이 없다. 그렇다면 한국의 보수와 진보가 합의할 수 있는 공통된 바탕은 무엇일까? 대한민국 헌법이라고 본다.

헌법 제1조 1항 "대한민국은 민주공화국이다." 제1조 2항 "대한민국 주권은 국민에게 있다. 모든 권력은 국민에게서 나온다." 헌법 제10조와 34조 "대한민국 국민이라면 누구나 행복을 추구할 수 있다. 국가는 최소한의 인간다운 생활을 보장해야 한다." 진보와 보수는 바로 이 헌법의 바탕 위에서 스스로 변화하면서 선의의 경쟁을 펼쳐야 한다.

어떠한 사회이건 기득권은 존재한다. 그러나 변화 앞에서 영원할 수 있는 기득권은 없다. 변화의 물결은 아무도 통제할 수 없다. 오로지 변화를 받아들이고 앞서나가는가, 거부하고 뒤처지는가 하는 차이만 있을 뿐이다. 자기혁신이 없는 곳에서는 발전은 고사하고 기존의 안정조차 유지될 수 없다. 기득권에 연연하다가 아래로부터 폭발이 일어나면 그때는 감당하기 어렵다. 기득권에 얽매이지 않는 자기혁신이야말로 자신을 지키고 더 나은 미래를 향해 가는 지름길이다.

'강남 스타일' 껍질만 쓰고
속살은 그대로인 '강남 좌파'

변화를 거부하는 사람들은 '이념'이라는 낡은 망토를 두른다. 일견 고풍스러워 보여도 실상은 불편하기 짝이 없다. 무거운 외투만 벗어 던지면 한결 움직이기 수월하다는 것을 알지만 대부분 주저한다. 외투에 가려져 있는 것이 딱히 보여줄 정도가 못 되거나 왠지 허전함을 느낄 것 같은 막연한 두려움이 앞서기 때문이다.

그렇다 하더라도 철 지난 외투는 때가 되면 벗어던져야 한다. 무겁고 거추장스러운 옷을 입은 채로는 제대로 달릴 수도 없다. 이념은 유연하게 적용하고 실리는 중요하게 챙겨야 한다. 그래야 위기가 도래했을 때 주저함 없이 변화와 혁신도 할 수 있다. 빠르게 변화하는 현실과 동떨어진 채 이념에 집착한다면 그것은 살아 있는 박제나 다름없다.

이념의 시대가 저물고 실용의 시대가 왔다는 것은 세대를 특징짓는 말의 변천사만 봐도 쉽게 알 수 있다. 과거에는 정치적·이념적 기준에 따라 6·3세대, 긴급조치 9호 세대, 5·18세대라는 용어를 사용했다. 하지만 오늘날엔 등록금 1,000만 원 세대, 88만 원 세대, 비정규직 세대, 이태백 세대 등 경제적·실용적 구분법이 훨씬 더 공감을 얻는다.

직장에서도, 가정에서도, 학교에서도 사람들의 가치관이나 판단 기준은 나날이 다변화되고 빠르게 바뀌고 있다. 변하는 것이 무엇인가보다 변하지 않은 것이 무엇인지를 꼽는 것이 훨씬 어려울 정도다. 개인의 신앙을 제외하면 그 어떤 것도 변화에서 벗어날 수 없다. 따라서 '열린 생각'과 '유연함'은 이 시대를 살아내는 최고의 무기다.

이 탈이념의 시대에 열린 유연함을 내세워 새로이 등장한 것이 '강남 좌파'다. 참 생소하면서도 흥미로운 조어가 아닐 수 없다. 세계적으로 사랑을 받고 있는 노래 '강남 스타일'은 전혀 강남 스타일 같지 않은 싸이가 불렀기에 더 극적인 효과를 냈다. 강남 좌파 역시 '강남'과 '좌파'라는 반어법 같은 조합이 대중의 흥미를 북돋운 게 사실이다.

강남이 어떤 곳인가? 번듯한 직업과 안정된 경제력으로 유행의 첨단을 달리며 한국사회의 기득권을 상징하는 지역이 아닌가. 세계 어디 내놔도 꿀리지 않는 하나의 브랜드다. 게다가 정치적으로 보면 우파의 본거지라고 봐도 무방하다. 대체 한국사회에 어떤 변화가 생겼기에 강남 좌파가 당대의 키워드로 떠오른 것일까?

강남 좌파가 처음 언급된 것은 지난 2006년이다. 강준만 교수가 386세대 정치권 인사들의 자기 모순적 행태를 비꼬는 말로 쓰면서 학계와 언론계를 중심으로 퍼져나가기 시작했다. 하지만 오늘날 강남 좌파는 진보적 정체성을 가진 고학력·고소득층을 일컫는다. 여기서 강남은 한강 이남에 실재하는 그 지역이 아니다. 강남에 상응하는 부유한 생활 수준을 갖춘 계층을 말한다. 그래서 강남 좌파를 부자 좌파라고 부르는 사람들도 있다.

비근한 예로 미국에는 '리무진 리버럴'이 있다. 리무진을 타고 화려한 생활을 하면서 가난한 사람을 위한다는 것이다. '고슈 캐비어'도 같은 맥락이다. 프랑스에서는 고급요리인 철갑상어알(캐비어)을 먹으면서 사회주의를 논하는 이들을 그렇게 부른다. 모두 부정적인 의미로 사용한 것이다. 가난한 사람의 속사정도 모르면서 좌파니, 진보니 떠들고 다닌다는 말이다. 가진 자의 위선 혹은 허위의식이라는 비판이다.

하지만 우리나라의 강남 좌파를 서구의 리무진 리버럴이나 고슈 캐비어와 같은 부류라고 보는 것은 무리가 있다. 최근 들어 학계 지식인과 전문직 종사자 등 고유한 특성이 있는 집단이 강남 좌파의 주축으로 떠올랐기 때문이다. 조국 교수가 대표적이다. 특히 문화영역에서 강남 좌파의 약진이 두드러진다. 정치·경제적 의식보다 문화의식 면에서 더욱 급진적이다. 이런 이유로 그들을 '문화 좌파'라고 칭하기도 한다.

강남 좌파는 진보의 DNA를 가지고 있다. 하지만 기존의 낡은 진보와는 좀 다르다. 그들도 인권, 평등을 비롯해 진보가 내세우는 가치들을 중시한다. 또 양극화와 같은 사회 구조적 문제에 대해서는 적극 비판한다. 그러나 경솔한 개혁에 대해서는 반대 관점을 취한다. 나아가 자신의 삶을 즐기고 취향과 개성을 자유분방하게 드러내는 편이다. 합리주의자나 실용주의자의 면모가 보이며 젊은 세대와 코드가 맞다.

기존의 진보진영에서도 초창기엔 강남 좌파를 달가워하지 않았다. 하지만 지금은 진보의 외연 확대를 이야기하며 구애에 나섰다. 진보정권을 창출하려면 젊은 표심을 사로잡아야 한다. 이럴 때 강남 좌파야말로 불쏘시개로 써먹기에 안성맞춤이다. 참신한 인물로 구태의연한 이미지를 개선할수 있다고 보는 것이다. 실제로 조국 교수 등 강남 좌파를 상징하는 인물들은 음으로 양으로 진보정권 창출에 힘을 보태고 있다.

"어느 사회나 보수와 진보는 다 필요합니다. 그러나 한국사회는 전쟁과 분단, 독재와 권위주의, 천민자본주의의 지배로 진보가 심각한 과소상태에 있습니다. 게다가 보수를 자처하는 사람이나 정당의 실체가 수구 또는기득권 옹호자인 경우가 많습니다. 지식인으로서 이런 상황을 직시하면 진보의 편에 서지 않을 수 없죠."

『진보집권플랜』에서 조국 교수는 자신이 왜 진보의 편에 서고자 하는지를 밝혔다. 그리고 진보개혁 진영에서 2012년 또는 2017년에 정권을교체한다면 10년간은 연속으로 집권해서 한국사회의 골간을 바꿔놓아야한다고 말했다. 문제는 이것이 시대정신에 맞느냐는 것이다. 겉으로는 유연해진 듯 보이지만 속은 여전히 낡은 이념의 포로다. 나는 강남 좌파가 보수와 진보의 이분법이라는 과거의 잣대에 휘둘리는 한 새로운 정치주체로서역할을 하기 어려울 것이라고 본다.

강남 좌파가 이렇다 할 독자적인 비전을 내놓지 못하는 것도 어쩌면 이 때문일 것이다. 강남 좌파가 떠오른 데는 새로운 정치에 대한 대중의기대가 어느 정도 반영돼 있다. 보수와 진보의 이념 갈등을 넘어선 무엇을요구한 것이다. 그렇다면 강남 좌파라고 일컫는 사람들 역시 거기에 답을

할 책임이 있다. 그것이 기존의 진보진영과 대동소이하고 독자적인 비전이 보이지 않는다면 대중의 외면을 받을 수밖에 없다.

강남 좌파는 원래 민주화 이후의 엘리트주의를 지칭하는 말이었다. 저작권을 가지고 있는 강준만 교수 역시 강남 좌파를 이념이 아닌 엘리트 문제로 바라보고 있다. 강남 좌파는 분명 매력적이다. 엘리트로서 선망의 대상이기도 하다. 그들이 하는 말은 언론에 회자하고 화제가 되기 쉽다. 하지만 이념적으로 볼 때는 여전히 과거에 갇혀 있다.

만약 지금처럼 쿨한 척 '강남 스타일' 껍질만 쓰고 속살은 그대로라면 강남 좌파는 미래가 없다. 진보의 지류로서 외연의 확장으로서 명맥은 유지할 것이다. 하지만 시대를 이끄는 역할은 기대하기 어렵다. 탈이념과 실용의 시대정신을 온몸으로 끌어안고 대한민국을 미래로 나아가게 할 엔진이 필요하다. 나는 그것이 새로운 보수라고 믿고 '쿨 보수'라는 이름을 붙였다.

'쿨 보수'는 하이브리드요,
선제적 변화요, 자본주의 미래다

'쿨 보수'라는 이름은 학생들과 논쟁을 벌이다가 떠올랐다. 토론을 하다 보면 사적인 이야기를 나눌 때가 있다. 한 학생에게 근황을 물었는데 최근에 여자친구와 쿨하게 헤어졌다는 답이 돌아왔다. 순간 쿨하게 헤어진다는 게 대체 어떤 감정인지 궁금했다. 그 친구는 기쁜 건 아닌데 속은 후련하다고 했다. 슬픈 건 아닌데 아쉬움도 남는다고 했다. 한 마디로 반감이 교차하는 것이다. 여러 감정이 섞였다는 의미에서 이것도 하이브리드다.

젊은 친구들은 보수주의도 자기중심적으로 바라본다. 시장경쟁을 자연스럽게 받아들이지만, 한편으론 공정한 경쟁이라야 한다고 생각한다. 보수도 나쁜 것은 버려야 한다. 진보도 좋은 것은 얼마든지 취할 수 있다. 변화와 개혁을 유연하게 받아들인다. 낡은 이념과는 쿨하게 헤어진다는 태도다. 그들을 대변하는 이름으로 '쿨 보수'만큼 어울리는 게 없다는 생각이 들었다.

'강남 좌파'가 반어법 조합이듯 '쿨 보수'도 역설적인 의미를 담고 있다. '쿨cool'이라는 단어는 '시원한, 멋진' 등의 뜻이 있다. 쿨 보수도 말 그대로 해석하면 '속이 후련한 보수, 멋진 보수'쯤 될 것이다. 따분하기만 하던 기존의 보수 이미지를 생각하면 반전이다.

반전은 대중이 갈망하는 코드다. 저 유명한 '강남 스타일' 가사만 봐도 그렇다. 낮에는 우아하고 품격 있게 살던 사람이 밤이 되면 심장이 뛰고 뜨거워지는 게 강남 스타일이다. 그런 반전이 요즘 젊은 세대에게는 쿨하게 다가온다. 쿨한 것은 강남 스타일처럼 변화하고 모습을 바꾸는 속성이 있다. 쿨 보수도 그렇게 국민의 마음속에 자리매김하고 있다.

'모두 다 함께 뭉치자'는 구호는 있지만 '잘 먹고 잘살고 싶다'에 대한 해답은 없다. 우리 국민이 따분한 보수와 수구 진보에 실망하고 탈이념의 길로 접어든 이유다. 쿨 보수와 강남 좌파는 이러한 시대 정서에서 출발해 변화와 자기혁신의 총대를 멨다. 그래서 그들은 실용, 현실, 합리적 개혁이라는 공통분모를 가지고 있다.

국민은 '닥치고 정치'가 아니라 '깨어 있는 정치'를 요구한다. 그 시작이 쿨 보수이고 강남 좌파다. 오늘날 우리는 '네트워크 사회(Tiesman and Klijn, 2002)'에서 살고 있다. 네트워크 사회의 특징은 '협상을 통한 동의'에 의하여 사회문제와 국가과제가 해결된다는 것이다. '중앙집권적 통제' 대신 다양한 참여자들의 '목적 지향적인 상호작용'이 사회를 움직인다. 쿨 보수와 강남 좌파도 이러한 사회인식에서 출발한다.

쿨 보수와 강남 좌파의 출현은 사회적으로 디지털 융복합 트렌드가 본격화된 시기와 맞물린다. 그런 의미에서 쿨 보수와 강남 좌파는 둘 다 하이브리드다. 기존의 보수와 진보가 지닌 경직성을 탈피해 다양성과 다원성을 추구한다. 잡종과 혼혈을 통해 젊은 세대가 요구하는 새로운 정치주체로 진화할 책임이 있다. 보수와 진보의 이념적 대립과 갈등을 극복하고 미래로 향하는 것이 그들에게 주어진 시대적 소임이다.

하지만 강남 좌파는 보수와 진보의 낡은 이분법에 발목이 잡히며 대한민국이 나아가야 할 비전을 보여주지 못하고 있다. 반면 쿨 보수는 젊은 세대와의 공감을 바탕으로 변화와 개혁을 주도하며 새로운 시대정신으로 떠오르고 있다.

그럼 쿨 보수의 시대적 의의는 무엇인가? 그걸 밝히려면 먼저 우리가 어떤 시대를 살고 있는지 짚어보아야 한다. 지금의 대한민국을 역사의 한 페이지로 기록하고 새로운 각오로 전진해야 할 방향은 어디인가, 고민해야 할 것이다.

흔히들 보수의 키워드를 '안정'이라고 말한다. 하지만 쿨 보수는 역사의 수레바퀴에 고동목을 끼워 멈추려는 식은 결단코 거부한다. 예기치 못한 폭우라도 한바탕 쏟아지면 평탄해 보이던 길도 언제 그랬냐는 듯 일순간 진창길로 변해버리기 일쑤기 때문이다. 천천히 가든 빠르게 가든 체제의 안정은 역사의 수레바퀴를 쉼 없이 굴릴 때라야만 가능한 법이다.

쿨 보수는 '지속가능한 안정'은 끊임없는 변화와 혁신을 통해서만 가능하다고 믿는다. 쿨 보수의 기본정신이다. 자본주의가 역사의 전환기마다 파도를 넘으며 진화해왔듯이 보수주의도 현실과 끊임없이 조응하며 진화하지 않으면 안 된다. 과거에는 별문제가 되지 않았던 것이 지금은 문제가 된다면, 대부분은 기존 방식이 더는 현실과 맞지 않다는 것을 뜻한다. 과거에는 좋았다고 하더라도 바뀔 때가 되면 바꾸어야 한다.

쿨 보수는 철저히 현실을 우선시한다. 세상의 변화를 있는 그대로 받아들이고 도래한 위기는 정면으로 직시한다. 저출산, 인구 고령화, 경제적 양극화, 청년실업처럼 부인할 수 없는 현실 앞에서 이념 때문에 주저하지 않는다. 복지가 포퓰리즘이냐 아니냐를 따지며 시간을 허비하기보다 현실적 대책을 마련하는 데 온 힘을 쏟는다. 모두가 국가적 과제다. 갑론을박하는 동안 때를 놓치면 불신과 갈등 때문에 더욱 해결하기 어려워진다.

그렇다고 쿨 보수가 과거를 그다지 중요시하지 않는다는 것은 결코 아니다. 오늘날의 기준으로도 합리적이라고 간주하는 전통과 가치는 보존하고 계승할 일이다. 한 사회가 점점 더 발전하는 데 있어서 매우 중요하기 때문이다.

하지만 그 어떤 사회의 그 어떠한 분야도 누적적으로만 발전할 수는 없다. 과학에서는 혁명적인 발전을 흔히 패러다임 전환이라고 부른다. 사회의 발전에도 과거와의 단절이 필요할 때가 있다. 쿨 보수는 해로운 악습이나 잘못된 관행을 바로잡고 시대의 변화와 패러다임 전환을 주도하는 것을 사명으로 생각한다. '선제적 변화와 합리적 개혁', 쿨 보수의 핵심은 바로 이것이다.

그렇다면 쿨 보수가 젊은 세대와 함께 만드는 비전은 무엇인가? 정부나 기업이 느끼는 것과 국민이 체감하는 것 사이에 온도 차가 있기는 하다. 하지만 우리 경제가 직면해 있는 상황은 분명한 위기다. 미국과 유럽에서 시작된 금융위기와 재정위기로 세계 경제가 침체의 늪에 빠지면서 우리 경제도 뜻하지 않은 타격을 받고 있다. 세계 경기침체의 파장이 전 세계로 확대되면서 자본주의 패러다임의 전환이 절실히 요청되는 시점이다.

강남 좌파는 이 문제에 대한 해법을 아직 보여주지 못하고 있다. 수구 진보는 오랫동안 '진보가 밥 먹여주느냐?'는 비판에 시달려왔다. 강남 좌파는 진보가 그 비판에 답해야 한다고 주장하지만 그뿐이다. 페북과 트위터에 있는 단문 메시지로는 어떻게 하자는 것인지 이해가 안 간다. 수구 진보와 어떤 차이가 있다는 말인가? 현재로서는 현실적인 해법이 모호하기만 하다.

쿨 보수는 시대의 변화에 맞게 자본주의를 업그레이드해나가야 한다고 생각한다. 한국 시장경제는 승자독식의 정글로 변질하면서 위기를 맞았다. 민간의 공익적 기능을 키우고 공정한 경쟁의 판으로 바꿔야 한다. 대기업과 중소기업과 1인 창조기업이 함께 먹고 사는 생태계를 조성해야 한다. 시장경쟁 낙오자를 보듬어 다시 일으켜 세우는 사회안전망 구축도 그 어느 때보다 절실하다.

점진적으로 개선할 것이냐, 급진적으로 개혁할 것이냐는 사안에 따라 판단하면 된다. 금융실명제처럼 기득권의 저항이 거센 부분은 보수라도 급진적으로 개혁하지 않으면 실패한다. 반대로 기득권의 저항은 적을 것으로 예상하지만 새로운 시도는 점진적으로 추진해나가면 된다.

'임시투자 세액공제'를 예로 들어보자. 설비투자에 대해 세액을 감면해주는 제도였다. 그러다 보니 기업이 고용은 줄이고 설비투자만 늘리는 문제가 있었다. 진즉 '고용창출 세액공제'로 바꿨어야 했는데 대기업 눈치를 보다가 유효적절한 시기를 놓쳤다. 정부로선 아프지만, 반면교사로 삼아야 할 대목이다.

지금은 삶도 생각도 다양한 시대다. 그 다양한 가치를 끌어안고 쿨 보수의 길을 열어나가야 할 때다. 쿨한 것은 한 걸음 앞서 변화하는 것이다. 이념의 껍데기에 집착할 일이 아니다. 현실의 알맹이를 바꿔야 한다. 자본주의의 새로운 미래가 우리 앞에 놓여 있다. 그럼 다른 나라는 어떨까? 쿨 보수를 어떻게 실천하고 있을까? 영국과 중국의 사례를 벤치마킹해보자.

쿨 보수의 원조!
330년 영국 보수당의 끝없는 자기혁신

영국에서 '보수당'이 정당명으로 쓰이기 시작한 것은 1830년대부터다. 하지만 보수파의 발자취는 토리라는 이름의 정파가 등장한 1670년대까지 거슬러 올라간다. 바꾸어 말하면 세계에서 가장 오랜 역사를 자랑하는 영국 보수당은 짧게는 100년, 길게는 무려 330여 년이 지난 지금도 건재하다는 것이다.

한국은 정당의 생성과 소멸 주기가 이례적으로 짧고 당명도 수시로 바뀐다. 이와 달리 영국 정치사에서는 당명이나 로고만 바꾸어 대중에게 어필하려 한 시도를 찾아보기 어렵다. 영국인들의 골동품 사랑이 유난해서가 아니다. '책임 있는 정당정치'에 대한 기본상식이 영국사회에 널리 자리 잡고 있기 때문이다.

실정으로 인기가 바닥을 치거나 총선에서 패하면 어떻게 할까? 대오각성하고 오로지 정책 쇄신을 통해 유권자들로부터 재평가받아야 한다. 영국에서는 이런 자세가 확인할 필요조차 없는 상식이다. 정책 쇄신과 실행력의 뒷받침 없이 옷만 갈아입고 착시효과를 노리는 이미지 정치는 영국사회에 발붙이기 어렵다.

물론 영국이라고 해서 모두가 보수당처럼 긴 생명력을 지킬 수 있는 것도 아니다. 영국 자유당의 경우와 비교해보면 그 차이는 극명하다. 자유당은 오랜 세월 동안 보수당과 함께 영국정치를 이끌어 왔다. 하지만 시대 변화에 제대로 대응하지 못하다가 노동당에 자리를 내주고 소수당으로 전락했다.

만약 보수당도 기득권에 집착하고 변화에 둔감했다면 자유당의 운명과 별반 다르지 않았을 것이다. 이미 역사의 뒤안길로 사라졌거나 간신히 명맥만 유지하는 소수정당이 되지 않았을까?

영국 보수파는 본래 국왕과 평민 사이에서 귀족의 이익을 지키기 위한 정당으로 출발하였다. 하지만 18세기 말 산업혁명을 거치며 급격한 사회인구 변화가 이뤄지는 과정에서 기득권을 지키는 데 급급하지 않고 변화와 개혁을 과감히 받아들였다. 토리파에 변화의 기운을 처음 불어넣은 인물로는 1783년부터 1806년까지 20여 년간 수상직을 맡았던 피트를 꼽을 수 있다. 비록 휘그파의 반대가 극심하긴 했다. 하지만 피트 수상과 토리파는 부패선거구의 폐지 등 정치개혁에 앞장섰다. 노예무역 철폐도 당시에 공론화되기 시작했다.

이와 함께 왕실과 국교(성공회)에 대한 심각한 도전으로 간주하여온 가톨릭의 해방까지 주장하였다. 영국은 1801년 국민 대다수가 가톨릭 신자인 아일랜드를 합병했다. 피트 수상은 이에 발맞춰 종교를 이유로 한 차별이나 불이익은 철폐해야 한다고 목소리를 높였다. 조지 3세가 거부하자 피트는 수상직을 사퇴하는 결연함을 보였다.

1866년 자유당 정부의 실각으로 재집권에 성공한 보수당은 급진적이라고 할 정도로 파격적인 선거권 확대 법안을 마련해 통과시켰다. 그때까지도 대토지를 소유한 보수당 당원들은 농촌지역을 지지기반으로 삼고 있었다. 반면 도시지역 노동자들의 불만에 대해서는 막연한 두려움을 느꼈다. 하지만 사회경제 변화와 대중의 요구를 더는 회피하기 어려웠다. 이에 보수당은 오히려 개혁을 주도하기로 했다.

선거권 확대조치 이후 처음 열린 1868년 선거에서 보수당은 패배했다. 하지만 변화의 물결을 거스르지 않고 도시노동자들을 적극 끌어안으려 했던 유연함은 대중에게 각인되었다. 이즈음 보수당을 이끌던 디즈레일리는 노조 권리를 부분적으로 인정하고 공공위생과 주택정책 개선 등에 힘썼다. 실용적 자세를 견지하며 보수당의 취약 부문으로 간주하던 사회개혁에 앞장섬으로써 변화된 유권자들의 지지를 얻었다.

새로운 시대마다 새로운 세대의 기대에 부응하며 외연을 확대해나가는 것은 모든 정당의 중요한 과제다. 하지만 기존 지지자들이나 기득권층의 저항은 결코 간단한 문제가 아니다. 그러나 영국 보수당은 지지자들로부터의 배신자라는 손가락질도 감수하며 과감하게 변신했다. 재집권에 실패할 때 경쟁정당의 정책까지 수용하는 파격과 유연함으로 거듭 힘을 되찾았다.

적어도 영국 정치에서는 '보수는 부자와 기득권층의 이익을 꾀하고 진보는 빈자와 소외계층을 위한다'는 이분법이 통하지 않는다. 흔히 영국의 사회보호제도는 1945년 제2차 세계대전 종전 직후 노동당의 작품으로 알려졌다. 하지만 모든 공로가 노동당의 것이라고 말하기는 어렵다. 이 제도가 안정적으로 자리 잡게 된 것은 1951년 재집권한 보수당이 노동당이 추진한 복지정책을 이어받았기 때문이다.

영국의 사회보호제도는 인도 태생 경제학자 윌리엄 베버리지의 주도로 1942년 12월 출간된 한 보고서를 통해 뼈대가 마련되었다. 런던정경대(LSE) 학장으로 있던 베버리지가 1941년 창설된 '사회보험 및 관련 사업에 관한 각 부처의 연락위원회' 위원장직을 맡게 된 것이 계기였다. 「사회보험 및 관련 서비스」라는 제하의 보고서는 그의 이름을 따서 베버리지 보고서로 불리게 되었다.

당시 수상은 전시 연립정부를 이끌던 보수당의 처칠이었다(사실 전시 연립내각에서 교육·의료 부문은 노동당이 맡고 있었다). 처칠은 바람 앞에 촛불 같은 형국에서 대독 항쟁을 선포하고 국민을 단결시켜 대영제국을 구해냈다. 그러나 전세를 역전시켜 다시 평화를 목전에 두게 되자 열렬했던 대중의 지지는 빠르게 해체되기 시작했다. 전후복구에 막대한 예산을 쏟느냐, 당장 피폐한 민생고를 해결하느냐가 이슈로 떠올랐다.

결과적으로 후자를 택한 노동당이 승리했다. 전시 연립내각이 해체된 직후 열린 총선거에서 노동당은 '요람에서 무덤까지'라는 캐치프레이즈를 전면에 내걸고 집권에 성공했다. 전쟁이라는 국가적 위기를 넘기면서 대중의 관심이 삶의 문제로 돌아서 있었기 때문이다. 노동당은 집권 이후 베버리지 보고서의 내용을 구체적으로 실천에 옮기기 시작했다.

이 정책은 국민에게 환영을 받았고 정권이 바뀐 후에도 계속 추진되었다. 1951년 총선에서 보수당이 승리하면서 처칠이 다시 수상이 되었다. 그는 노동당 정책의 근간을 고치지 않고 이어받았다. 정파적·이념적 차이를 떠나 실용적이고 유연한 태도를 보였다. 이를 '버츠켈리즘'이라고 불렀다. 보수당 정부의 재무장관 버틀러와 전임 노동당 정부의 재무장관 가이츠켈의 이름을 딴 것이다.

시대 변화에 맞춰 자기혁신을 거듭한 영국 보수당의 전통은 오늘날에도 이어지고 있다. 캐머런 총리는 보수당이 언제까지나 부자와 대기업을 지지할 것이라는 오류에서 벗어나야 한다고 주장했다. 전통 보수주의인 '대처리즘'과 달리 '따뜻한 보수주의'를 표방한 것이다. 그 결과 보수당은 국민의 폭넓은 호응을 얻을 수 있었다.

중국은 검은 고양이인지
흰 고양이인지 따지지 않는다

현대중국은 누구나 인정하는 경제 대국이다. 외화보유액과 무역규모는 세계 1위이고 GDP는 세계 2위다. 성장 속도를 보면 정말 눈이 핑핑 돌 지경이다. 그 비결은 어디 있을까? 중국이 경제 대국이 될 수 있었던 배경은 막대한 내수시장의 도움도 컸다. 하지만 그보다는 공산당의 체제변화가 선행됐기 때문이다. 중국은 한마디로 '쿨 보수 국가'다. 1921년 창당한 중국 공산당은 오늘날까지 장수를 누리고 있다. 그들은 유연하다. 변화와 혁신의 천재들이다. 공산당이라는 이름만 빼놓고 다 바꿔왔다. 필요하다면 이념까지도 내려놓았다.

딩샤오핑은 개혁개방과 중국식 시장경제를 도입했다. 그의 '흑묘백묘론'은 유명하다. 검은 고양이든 흰 고양이든 쥐만 잘 잡으면 된다는 것이다. 자본주의든 공산주의든 중국의 이익에 맞으면 얼마든지 채택할 수 있다는 것이다. 중국이 처한 현실을 냉정하게 직시하고 인민의 삶을 어떻게든 개선하려 한 실용주의 노선이다.

장쩌민은 '3개 대표론'을 천명했다. 3개 대표론은 공산당이 노동자, 농민, 자본가, 지식인의 근본이익을 대표해야 한다는 이론이다. 개혁개방에 따라 주요 사회세력으로 성장한 자본가와 지식인을 포용해야 한다는 필요성에서 나온 것이다. 권력 기반을 자본가 계급으로 넓히는 동시에 경제력 증강을 국시에 반영한 하이브리드적 전환이다.

또 후진타오는 국가 정체성을 확립하기 위해 전통문화와 공자사상을 부활시켰다. 오늘날 중국은 개혁개방이 결실을 보아 경제 대국으로 성장했다. 그러나 연안과 내륙, 도시와 농촌의 소득격차가 커지며 사회적 불안이 커졌다. 후진타오는 국가 정체성을 바로 세우고 '조화로운 사회'를 내세워 인민을 아우르는 데 힘을 쏟았다.

사실 덩샤오핑, 장쩌민, 후진타오의 정책은 모두 공산주의 이론을 크게 벗어나는 혁신적인 변화였다. 동유럽 사회주의가 몰락한 이후에도 중국 공산당이 약진할 수 있었던 것은 선제적 변화와 자기혁신 노력을 게을리하지 않았기 때문이다. 오늘날 눈부신 성장을 거듭하면서 미국과 더불어 G2 반열에 오른 저력이 거기서 나왔다.

중국의 사례는 거꾸로 자본주의에도 적용할 수 있다. 자본주의와 시장경제는 체제경쟁에서 살아남은 최고의 제도지만 완벽하지는 않다. 효율성을 중시하기에 형평성에는 치명적인 약점을 내포하고 있다. 이윤 극대화는 자연히 다수결 원칙과 충돌한다. 이런 약점을 극복하기 위해 끊임없이 변화를 받아들이고 진화해왔다.

한국 자본주의는 양극화, 청년실업, 경제 집중화로 큰 위기를 맞고 있다. 민간의 공익적 기능 없이는 시장경제가 일으키는 사회경제적 문제를 해결할 수 없다. 기득권층 모두가 특권을 과감히 버리지 않으면 국내 갈등

구조를 풀 수 없다. 이제는 따뜻한 자본주의를 넘어 생태계를 이루는 방향으로 나아가야 한다.

낡은 이념으로는 이 위기를 극복할 길이 없다. 냉엄한 현실을 직시하고 국민의 다양한 삶에서 다시 출발해야 한다. 선제적 변화와 치열한 자기혁신만이 미래를 보장할 수 있다. 이념에서 탈피해 하이브리드 융복합을 선도하는 쿨 보수가 대한민국의 주도세력으로 나서야 하는 이유다.

제3장

대의민주주의 위기,
정치생태계가 답이다

2007년 이명박 찍은 표가
2012년 대선 가른다

2002년과 2007년 대선에는 중요한 공통점이 있다. 노무현, 이명박 대통령은 수도권에서 20~40대 젊은 층의 지지를 얻어 당선됐다. 다른 각도에서 보면 탈지역주의 흐름이 두 사람을 선택한 것이다. 우리나라 정치를 지배해온 지역주의가 만만치 않은 도전에 직면했다는 의미다. 한국 정치의 근본적인 변화를 주문하는 국민의 목소리가 터져 나오고 있는 것이다.

사실 이념과 함께 오늘날 한국 정치를 설명하는 가장 큰 요소는 지역주의였다. 1987년 대통령 선거에서 노태우, 김대중, 김영삼, 김종필이 각각 경북, 호남, 경남, 충청에서 지역 유권자의 압도적 지지를 이끌어냈다. 그 후 3당 합당으로 영남의 노태우, 김영삼이 하나의 정치세력으로 합쳐지고 호남의 김대중이 고립되면서 영남 대 호남의 지역균열이 완성되었다. 이러한 갈등의 틈새로 충청 지역주의가 자리 잡았다.

지역주의가 한국 정치의 법칙으로 자리 잡으며 2+1 형태의 정당정치가 나타났다. 1992년 대선에서의 정주영, 1996년 총선에서의 꼬마 민주당, 1997년 대선에서의 이인제 등이 지역주의의 아성에 도전했다. 하지만 찻잔 속의 태풍에 그쳤다. 오히려 지역주의는 한국 정치를 좌지우지하며 그들만의 철옹성을 쌓아나갔다.

　　1997년 김대중 정부가 출범하자 지역주의는 이전과 다른 환경을 맞이하게 되었다. 김대중과 김종필의 DJP 연합은 기존의 지역주의 질서에 타격을 가했다. 그리고 2002년 대선과 함께 지역주의 정치를 이끌던 3김이 정치적으로 퇴장했다. 지역주의의 구심점이 사라진 셈이다. 그럼에도 지역주의 정당 구도는 흔들림이 없었다. 오늘날까지 유지되며 기득권을 누리고 있다.

　　지역주의는 한국 정치의 낙후성을 보여주는 구시대의 유산이다. 사실 오늘날 지역과 관련된 심각한 문제는 영남과 호남 간의 격차가 아니라 수도권과 지방 간의 격차이다. 더욱 좁게는 서울과 나머지 지역 간의 격차이다. 서울은 경제, 문화, 교육, 의료 및 거의 모든 영역에서 지방을 압도하고 있다. 영남도 호남도 서울과 비교하면 모두 상대적으로 어려운 처지에 놓여 있다. 그런데도 정치적 대립각은 여전히 영남과 호남을 중심으로 세워지고 있다. 국민이 체감하는 현실과 동떨어져 있는 것이다.

　　또한 구체적인 이슈를 놓고 봐도 지역주의가 허위의식이라는 것을 알 수 있다. 진보적인 정부가 들어서서 부유층에 대한 세금을 높인다면 영남의 부유층뿐만 아니라 호남의 부유층도 마찬가지로 더 많은 세금을 내야 한다. 역으로 보수 정부가 들어서 복지 혜택을 줄이려고 한다면 호남의 빈곤층뿐만 아니라 영남의 빈곤층도 타격을 입을 것이다. 특정 지역 출신의 집권이 그 지역 주민에게 고르게 혜택이 돌아갈 것이라는 기대는 올바르지 않은 것이다. 물론 국민도 이런 사실을 눈치챘다.

2002년 이후 우리 국민은 지역주의 극복의지를 표심에 드러내기 시작했다. 그해 대선에서 노무현은 탈지역주의의 아이콘과 같은 인물이었다. 3당 합당에 반대하며 무모하다 싶을 만큼 지역주의에 도전해 온 그였다. 바로 그 점 때문에 영남 출신인 노무현이 호남에서 지지를 얻어 후보가 됐고 마침내 대통령에 당선된 것이다. 그러나 노무현의 당선에도 지역주의는 좀처럼 약화하지 않았다.

2003년 열린우리당의 창당은 탈지역주의 정치개혁 실험이었다. 열린우리당은 이듬해 총선에서 과반의석을 확보하며 한때나마 지역주의 극복에 대한 기대감을 높였다. 그러나 노무현 정부에 대한 국민의 신뢰가 떨어지고 대통령과 당이 엇박자를 내면서 정치개혁은 파국으로 치달았다. 결국 100년 정당을 표방하며 문을 연 열린우리당은 불과 4년도 안 돼 역사의 뒤안길로 사라지고 말았다. 열린우리당을 대체한 것은 호남에 기반을 둔 또 하나의 지역주의 정당이었다.

하지만 이런 정치현실과 달리 지역주의는 아래로부터 계속해서 무너져 내리고 있다. 2007년 대선에서 이명박 후보는 영남은 물론 수도권에서도 압승을 거뒀다. 특히 수도권은 투표패턴이 예사롭지 않았다. 과거 지역주의 투표는 출신 지역에 따라 결정되었다. 호남 출신이라면 광주에 살건 서울에 살건 부산에 살건 김대중 후보를 지지했다. 영남 출신이라면 마찬가지로 거주지와 무관하게 김영삼이나 이회창 후보를 지지했다. 그러나 2007년 대선에서는 수도권에 거주하는 호남 출신과 충청 출신 유권자 중 적지 않은 수가 이명박 후보에게 투표했다.

실제로 오늘날엔 지역주의의 구심력이 예전만큼 힘을 발휘하지 못한다. 정치적으로 같은 색깔을 지닌 지역 내에서 국가정책을 두고 갈등이 빚어지는 일도 빈번해졌다. 대표적인 예가 이명박 정부가 선거 때 약속한 동남권 신공항 건설이다. 결국 계획 자체가 무산되기는 했다. 하지만 신공항 유치를 놓고 경북, 경남, 부산이 매우 격렬하게 대립했다. "우리가 남이가?"는 어느덧 호랑이 담배 피울 적 얘기가 돼버렸다.

오히려 이보다는 사회경제적 이슈에 따른 갈등이 더욱 부상하고 있다. 서울대 한국정치연구소의 조사에 따르면 이러한 변화를 잘 알 수 있다. 우리 사회에서 가장 시급히 해결해야 할 갈등으로 거의 절반에 가까운 47퍼센트의 응답자가 '계층 간 갈등'을 꼽았다. 그다음이 '수도권-지방 간 격차'라는 응답으로 22.9퍼센트였다. 이 두 가지 갈등은 각각 계층적, 지역적인 사회경제적 차이를 반영하고 있다.

이에 비해서 지역주의가 시급히 해결해야 할 갈등이라는 응답은 8퍼

〈표〉 우리 사회에서 가장 시급히 해결해야 할 갈등

	계층 간 갈등	수도권-지방 간 격차	이념 갈등	지역주의	세대 갈등	남북 관계
%	47.0	22.9	13.1	8.0	3.8	3.5

자료: 서울대 한국정치연구소-JTBC 조사 자료 (2011. 11)

센트에 그쳤다. 얼마 전까지 우리 사회를 갈라놓았던 이념 갈등 역시 13.1퍼센트에 불과했다. 지역주의와 이념을 둘러싼 갈등(남북관계 포함)은 새누리당과 민주당으로 양분되는 우리나라 정당정치의 틀을 구성해왔다. 그런데 이제 다수 유권자의 관심이 여기서 멀어진 것이다.

립셋과 록칸(Lipset and Rokkan, 1967)이 주장한 대로 정당체계가 사회적 균열에 기초해 있다면, 지역주의 균열의 약화는 새누리당과 민주당에 매우 커다란 영향을 미칠 수밖에 없다. 정치 기반이 되는 갈등구조는 사회경제적 이슈로 옮아갔다. 하지만 그 토대 위에 있는 정당구조는 여전히 낡은 지역주의 갈등에 기초해 있기 때문이다. 이 갈등구조와 정당구조 간의 어긋남이 주요정당에 대한 강한 불신으로 이어지고 있는 것이다.

최근 선거에서 유권자들의 관심을 끌었던 이슈들은 대부분 실생활과 관련된 것들이다. 2008년 총선에서는 뉴타운 공약이 수도권 유권자들의 주목을 빋았다. 2010년 지방선거 이후로는 무상급식 논쟁이 벌어지고 반값등록금이 화두로 떠올랐다. 2012년 총선과 대선을 앞두고 제기되는 복지와 세금 문제 역시 국민의 삶과 직결된 이슈다.

변화의 방향은 분명하다. 2011년 서울시장 보궐선거로 당선된 박원순 시장이 반값등록금과 무상급식을 실현하면서 선거 때 논쟁을 벌인 이슈가 정말로 현실이 된다는 사실을 많은 유권자가 깨닫게 되었다. 그런 만큼 앞으로 실생활과 관련된 구체적 이슈를 둘러싸고 정치적 논쟁과 효과적인 대안 제시의 중요성이 점점 더 커질 것으로 보인다. 이제는 생활이슈의 방향으로 나아가는 것이다. 이것이 바로 '탈정치의 정치'라고 부르는 현상의 실체다.

　　문제는 기존의 정당정치가 여전히 이러한 변화를 반영하지 못하고 있다는 점이다. 지역주의에 뿌리를 둔 기득권 정치인들이 변화를 받아들이지 않기 때문이다. 그 사이 탈지역주의 표심은 눈덩이처럼 불어났다. 2002년 노무현을 찍은 표심이 2007년 이명박을 거치며 불어나 2012년 대통령 선거를 정조준하고 있다. '탈정치의 정치'가 대한민국을 집어삼킬 날이 머지않아 보인다.

디지털 정치와 아날로그 규제

'At your own risk.'

외국을 여행하다가 흥미롭게 본 표지판 문구다. 우리말로는 '위험할 수도 있다. 하지만 당신의 판단에 맡긴다'는 의미다. 만약 어떤 해변에 상어 표시와 함께 이게 붙어 있다고 하자. 그럼 그곳은 매우 드물지만, 상어가 출현할 위험성이 있다. 수영해야 할지 말아야 할지는 본인이 판단하면 된다.

만약 우리나라라면 어땠을까? 그런 사고가 한 번이라도 난 곳은 철조망을 치고 아예 출입을 원천적으로 막았을 것이다. 물론 그 풍광을 즐기고 감상할 수 있는 시민의 권리도 제약을 받는다. 이러한 금지 조치는 사고 때문인 논란과 책임을 면하려는 관료적 발상이다. 위험 여부를 스스로 판단하고 자신의 행동을 결정할 자유는 고려하지 않는다.

시민을 어린아이로 간주하고 국가가 일일이 간섭하는 나라를 '유모 국가nanny state'라고 한다. 우리나라는 민주화의 진전과 함께 시민사회의 자율성이 크게 증대되었다. 하지만 아직도 국가는 사소한 영역까지 개입하고 규제하려는 마인드를 가지고 있다. 유모 국가의 잔재가 곳곳에 남아 있는 것이다.

2012년 3월 새누리당의 박근혜 비상대책위원장이 부산에서 지원유세를 벌였다. 수많은 지지자가 거리에 몰려나와 박 위원장을 연호했다. 이에 답하기 위해 박 위원장은 차량 선루프 위로 얼굴을 내밀고 손을 흔들었다. 그런데 이 행위를 두고 선거법 위반 논란이 불거졌다. 공직선거법 91조 3항에는 '누구든지 (움직이는) 자동차를 사용하여 선거운동을 할 수 없다'고 규정되어 있기 때문이다.

차량 선루프를 통해 몸을 내밀고 손을 흔든 행위가 왜 선거운동에서 금지되어야 할까? 그것도 대다수 가구가 차량을 소유하고 있으며, 세계적인 자동차 수출국이 된 나라에서 말이다. 상식적으로 이해하기 어렵다. 선관위에서 문제 삼지 않기로 해서 이 사건은 결국 우발사건으로 끝났다. 그러나 선거법 규정에 어떤 문제가 있는지 드러낸 사례로 두고두고 사람들의 입에 오르내릴 게 분명하다.

우리나라 선거법은 너무나 많은 규제 사항이 담겨 있다. 후보자 명함의 규격과 어깨띠를 두를 수 있는 인원까지 '꼼꼼하고 친절하게' 설명해준다. 선거공보와 선전벽보 등 법으로 허용하는 수단 외에는 선거운동이 극히 제한된다. 사실상 A부터 Z까지 모두 법의 통제 속에 있는 셈이다.

지난 2008년 미국 대선에서 오바마 지지자들은 자기가 좋아하는 후보의 얼굴이 그려진 티셔츠를 입고 랩송을 부르며 선거운동을 했다. 다른 민주주의 국가에서는 자연스러운 일이지만, 우리나라에서는 제재를 받는다. 후보자를 재미있게 묘사한 인형이나 마스코트도 사용할 수 없다. 유권

자들의 흥미를 끌 수 있는 수단들이 규제에 묶여 있으니 선거가 재미있을
리 없다.

　젊은이들보고 정치에 관심이 없다고 탓하기 전에 왜 그런지 원인을
살펴야 한다. 젊은 세대의 정치 참여를 높이려면 재미가 필요하다. 이렇게
재미없는 선거판을 만들어놓고 정치의식 운운하는 것은 어불성설이다. 물
론 이런 선거법이 만들어진 것은 과거의 어두운 기억 때문이다. 예전에는
당선을 위해서라면 물불을 가리지 않는 혼탁한 선거가 치러졌다. 선거운동
원들은 대부분 돈을 받고 고용된 사람들이었다. 혼탁선거와 돈 선거를 방지
하기 위해 강력한 제재조항이 필요했다. 규제만능주의 선거법이 만들어진
이유다.

　그러나 지난날과 비교할 때 한국의 선거문화는 많이 개선되었고 정
치상황도 크게 바뀌었다. 부정선거의 폐해가 현저히 줄어들었다. 사회 전반
적인 투명성이 높아졌다. 민주화의 진전과 정보화의 도래 때문에 자발적으
로 정치에 참여하는 사람들도 많아졌다. 2002년 대통령 선거 때 등장한 노
사모가 대표적인 경우다. 2007년에는 박사모와 명박사랑 등이 활발한 활동
을 펼쳤다. 민주주의는 다수의 참여를 전제로 한다, 따라서 이런 현상은 민
주주의 발전을 위해 오히려 적극 권장해야 하는 변화라고 할 수 있다.

　선거는 축제의 장이어야 한다. 이제라도 불필요한 규제를 과감하게
폐지하고 유권자들이 자유롭게 참여하고 즐기는 개방적인 환경을 만들어
야 한다. 민주화와 함께 성장한 시민사회의 자정능력을 믿고 지켜볼 필요가

있다.

2001년 영국 총선에서 적절한 예를 찾아볼 수 있다. 당시 야당이었던 보수당은 노동당 정부의 교육정책을 비판하기 위해 TV 광고를 제작했다. 그중에는 교사의 부족으로 수업을 일찍 마치고 집에 돌아온 아이들이 사고를 치는 내용도 포함돼 있었다. 아이들이 길가의 벽에 페인트로 낙서하고 차에 불을 지르는 장면이었다. 이 광고물은 지나친 선정주의라는 비판이 제기되며 뜨거운 논란에 휩싸였다.

그때 영국성공회 최고 지도자인 캔터베리와 요크의 두 대주교 Archbishops of Canterbury and York가 보수당의 네거티브 캠페인을 비판하는 공개서한을 보냈다. 그들은 물론 특정 정당을 거명하지는 않았지만 누가 보더라도 보수당의 TV 광고에 대한 비판임을 알 수 있었다. 이 때문에 보수당은 오히려 궁지에 몰리게 되었다. 모든 문제를 법적인 규제로 풀 수는 없다. 도를 넘은 선거운동도 시민사회 내부의 자율적 규제를 통해 해결하도록 하는 것이 바람직하다. 한때 혼란과 부작용이 생길 수도 있다. 하지만 한국의 시민사회가 크게 성숙해진 만큼 아주 올바른 방향으로 이끌고 갈 수 있다.

최근 들어 시민의 정치참여는 IT 기술의 눈부신 발전과 밀접한 관련이 있다. 여론형성과 같은 중요한 정치적 활동이 이제는 인터넷을 통해 활발하게 이뤄지고 있다. 과거와 달리 거대한 자본이나 매체를 갖고 있지 않은 일반인도 중요한 정치적 의제를 설정할 수 있다. 또 촛불집회에서 본 대로 대규모의 정치적 집회도 얼마든지 조직한다.

정보화가 몰고 온 변화는 가히 혁명적이라고 할 만큼 엄청나다. 스마트폰의 등장으로 휴대전화를 이용한 인터넷 접속이 일반화되었다. 트위터나 페이스북 등 소셜 네트워크 서비스SNS도 폭발적으로 성장했다. 정치적 의사표현과 활동이 일상적인 영역에서 가능해진 것이다. 이 때문에 정치 참여에 대한 시민의 인식이 전과 달라졌다.

예전에는 정치활동이 당원이 되거나, 투표하러 가거나, 집회에 참여하거나, 청원에 서명하는 등 개인의 일상과 명백히 구분되는 영역이었다. 따라서 정치에 참여한다는 것은 적지 않은 노력과 부담이 수반되는 일이었다. 그러나 지금은 인터넷, 스마트폰, SNS 때문에 정치참여가 한결 손쉬워졌고 심리적 부담과 수반되는 비용도 크게 낮아졌다.

심지어 자신이 정치행위를 하고 있다는 사실조차 깨닫지 못하는 경우도 생겨나고 있다. 우리는 지인과 이야기할 때 다른 곳에서 들은 흥미로운 정보를 전달하고 의견을 나눈다. 인터넷상에서는 정치도 똑같은 방식으로 이뤄진다. 하여 사회적으로 주목을 받는 의제의 설정이나 집회의 조직을 척척 해내지만 그게 '정치적'이라는 사실을 깨닫지 못한다. 그만큼 정치영역과 일상생활과의 거리가 많이 줄어들었다. 정치활동은 더는 일상생활과 구분된 별개의 행위가 아니다. 문제는 법적 규제가 여전히 이렇게 변화된 상황을 제대로 반영하지 못하고 있다는 점이다.

"누구든지 선거일 전 180일부터 선거일까지 선거에 영향을 미치게 하려고 이 법의 규정에 따르지 아니하고는 정당 또는 후보자를 지지·추천하거나 반대하는 내용이 포함되어 있거나 정당의 명칭 또는 후보자의 성명을 나타내는 광고, 인사장, 벽보, 사진, 문서·도화 인쇄물이나 녹음·녹화 테이프 그 밖에 이와 유사한 것을 배부·첨부·살포·상영 또는 게시할 수 없다."

선거법 93조 1항의 규정이다. 선거일이 가까워질수록 정치적 의사표현을 더욱 옥죄는 모순적인 조항이다. 지난 2011년 12월 29일 헌법재판소는 이 규정에 대해 한정 위헌 결정을 내렸다. 인터넷을 통한 선거운동, 특히 SNS를 이용한 선거운동의 규제가 철폐된 것이다. 그러나 여전히 적지 않은 문제점이 남았다. 헌법재판소의 판결에도 실제로는 SNS를 통한 정치적 의사표현의 자유가 여전히 제한을 받았던 것이다.

선거법에는 공식 선거운동 기간 특정 정당이나 정치인을 지지하거나 반대하는 내용의 모든 글에 대해 실명을 확인하도록 규정하고 있다. 언론사를 포함한 대부분 사이트에서는 계정 개설 때 실명인증 절차를 거치게 한다. 실명이 인증된 사이트를 통하지 않고 예컨대 SNS를 이용해 댓글을 다는 행위는 허용되지 않는다.

사실 선거법을 떠나 인터넷 실명제는 그 자체로 시대착오적인 조치라 할 수 있다. 개인정보 유출 우려도 있는데다 본질에서 민주주의를 훼손할 수 있다. 시민의 자유로운 의사표현을 통제하면 민주주의 사회에서 자연스러워야 할 여론의 형성과 유통이 왜곡될 수밖에 없다. 뉴욕타임스는 한국의 인터넷 실명제를 이렇게 비판한 바 있다.

　　"온라인공간의 익명성은 아랍세계의 시위에서 드러난 것처럼 정치적 반대자에게, 그리고 기업 내부의 비리 고발자들에게 핵심적이다. 이런 이유 때문에 미국에서는 대법원이 익명성을 보장하는 헌법적 기반을 확립했다."

　　이 지적은 익명성이 갖는 정치적 중요성을 잘 설명하고 있다. 특히 우리나라의 인터넷 실명제는 비방이나 명예훼손을 방지한다는 차원을 넘어 정치적 의사표현의 자유를 침해할 소지가 컸다. 2009년 정부의 경제 정책에 대해 비판적인 글을 올렸다가 구속된 '미네르바' 사건이 좋은 예다. 또 선거기간 중에는 누군가를 지지하는 글에도 적용되는 만큼 과잉 규제라는 비판을 피할 수 없었다.

　　다행히 2012년 8월 23일 헌법재판소에서 인터넷 실명제에 대해서도 위헌결정을 내렸다. 중앙선관위 역시 헌재의 결정을 반영해 선거법상의 실명제를 폐지할 방침이다. 정보화 때문인 정치적 환경의 변화를 고려할 때 이러한 판결과 조치는 때늦은 감이 있다. 하지만 매우 의미 있는 성과라고 할 수 있다. 그러나 아직 가야 할 길은 멀다.

　　선거법에 있는 미성년자 선거운동 금지 규정도 사실 적절치 않다. 다른 민주주의 국가에서는 청소년의 정치 교육을 민주주의의 지속과 발전을 위해 매우 중요한 조건으로 간주하고 있다. 하지만 우리나라에서 정치는 기득권을 가진 어른들의 전유물이다. 청소년에겐 꼭 어릴 때 동네에서 본 뱀 장수처럼 군다. "애들은 가라"며 쫓아내기 바쁘다. 이렇게 자란 청소년이 20대가 되어 정치에 거리감을 느끼는 것은 당연하다.

아이들이 어려서부터 공공의 문제에 관심을 두고 참여하는 것은 자유민주주의 체제의 핵심적 가치를 자연스럽게 습득하는 데 도움이 된다. 예컨대, 영국 노동당의 청년조직인 '청년 노동당Young Labour'의 가입 나이는 14세에서 26세까지이다. 14세부터 정치활동을 적극 권장하고 있는 것이다.

정치의 기능이 사회 유지를 위해 필수적이라면 어려서부터 자연스럽게 익히고 적응해 가도록 하는 일이 민주주의의 발전을 위해서도 중요한 일이다. 더욱이 인터넷 공간에서 자연스럽게 의견을 표시하고 논의하는 일은 오히려 장려해야 할 사항이다.

법 규정은 시민을 여전히 객체 혹은 소비자로만 바라보고 있다. 사실 과거에 정치권과 국민 간의 소통은 일방적이었다. 정치인이 공급자로서 정보를 제공하고 일반시민은 그것을 소비하는 형식이었다. 그러나 이제 국민은 더는 수동적이지 않다. 정치 소통과정에서 스스로 정보를 생산하고 유통하고 또 결집하는 주체요, 생산자다.

민주주의의 핵심은 다수의 참여이다. 정보화의 진전은 이러한 다수의 정치참여를 매우 값싸고 손쉽게 변화시켰다. 효율적인 디지털 정치의 시대가 도래한 것이다. 그런데 지금은 아날로그 규제가 민주주의의 발전을 가로막고 있다. 우리 민주주의가 한 단계 더 성장하기 위해서는 시민 스스로 문제를 제기하고 해결할 수 있도록 해야 한다. 보다 개방적이고 민주적인 법 제도의 뒷받침이 절실한 시점이다.

"욕먹어도 괜찮아!"
조커 카드 남발하는
독과점 정당

'여의도 텔레토비'라는 정치풍자 쇼가 화제다. 한 케이블 채널에서 방영 중인 SNL(Saturday Night Live) 한국판의 코너인데 정치권의 주요 소식을 풍자하며 시청자들에게 깨알 같은 재미를 선사하고 있다.

텔레토비의 보라돌이, 뚜비, 나나, 뽀를 각각 본뜬 구라돌이(통합진보당), 엠비(청와대), 화나(민주통합당), 또(새누리당)는 틈만 나면 싸운다. 그런데 싸우는 이유를 가만히 보면 대부분 말도 안 되는 것들이다.

그것은 정당정치를 바라보는 국민의 시각을 적나라하게 반영하고 있다. 정당은 국가와 시민사회를 연계하는 통로다. 그런데 민주주의의 꽃이라고 할 수 있는 정당들이 왜 이렇게 불신을 받는 것일까? 대한민국의 대의민주주의는 어쩌다가 위기에 빠졌을까?

여의도 텔레토비를 보면 감이 온다. 국민을 위해 일해야 할 사람들이 말도 안 되는 이유로 싸우는 모습과 여당이었을 때는 찬성하다가 야당이 되면 반대하는 행태가 도무지 진정성이 없다. 뭘 하든지 쇼 같다. 국민으로서는 참을 만큼 참았다. 이제는 뭔가 대안을 내놓을 때다.

한국 정치에서 정당은 긍정적이든 부정적이든 매우 중요한 구실을 해왔다. 권위주의 시대의 통치자들은 정당을 활용해 지지자를 조직하고 정권을 뒷받침할 세력을 만들었다. 이승만의 자유당, 박정희의 공화당, 전두환의 민정당이 그랬다. 그들에게 정당은 정책과 지침을 알리고 지지세력을 동원하는 데 안성맞춤이었다.

반면, 권위주의에 반대해 온 세력들도 정당을 통해 독재에 저항하고 민주화 운동을 펼쳤다. 이승만 정권 시절의 민주당, 박정희 정권 치하의 신민당, 그리고 전두환 정권 후반에 등장한 신한민주당이 여기에 해당한다. 이처럼 권위주의 시대의 정당들은 여당이든 야당이든 각각 지지자들을 규합해 정치적 경쟁의 중심에 섰다.

민주화 이후에는 지역주의 정당들이 나타났다. 1988년 총선 이후엔 경남, 경북, 전라, 충청의 4당 구도가 형성되었다. 그리고 1990년 3당 합당 이후엔 영남과 호남의 양당 구도 혹은 충청이 분리된 3당 구도로 정당체계가 형성되었다. 지역주의 정당은 3김과 같은 카리스마 있는 지도자를 중심으로 하나같이 강력한 지역기반을 구축했다.

지역주의 정당체계는 지역 간 경쟁과 연합을 통해 권력교체를 이뤄내는 등 절차적 민주주의가 굳건하게 자리 잡는 데 중요한 역할을 하기도 했다. 그러나 폐쇄적인 대표성, 연고주의 정치, 당내 민주화의 부재, 1인 지도자에 의한 사당화, 이념적 다양성의 부재 등 폐해가 만천하에 더욱 크게 주목받은 상태다. 하여 젊은 세대를 중심으로 디지털 정치가 본격화됨에 따라 점차 극복의 대상으로 거론되기 시작했다.

실제로 기존 정당 정치에 대한 유권자들의 불만과 불신은 나날이 증대되고 있다. 2011년 서울대학교 통일평화연구소에서 실시한 의식조사로는 응답자의 절반이 넘는 51.3퍼센트가 현재 지지 정당이 없다고 밝혔다. 2011년 10월 5일 자 경향신문 조사에서는 그 비율이 무려 73.6퍼센트에 이르렀다.

조사 방법이나 시기에 따라서 조금씩 달라지기는 하지만, 이전보다 특정 정당에 대해 소속감이나 친근감을 느끼는 유권자의 비율이 많이 줄어들었다는 사실만큼은 분명한 것 같다. 거꾸로 보면 정파적 소속감을 갖지 않는 '무당파無黨派, independent' 유권자의 수가 그만큼 늘어난 것이다.

이처럼 기존의 정당 정치가 다수 유권자의 외면을 받으면서 예전이라면 상상도 못할 일이 벌어지기도 했다. 2011년 서울시장 보궐선거에서 정당에 소속되지 않은 무소속의 시민운동가 박원순이 주요 정당의 후보들을 제치고 시장으로 당선된 것이다. 민주당의 박영선 후보는 야권통합 후보 경선에서 박원순에게 졌다. 한나라당의 나경원 후보는 본 선거에서 박원순에게 패배했다.

이처럼 정치권 외부의 인사가 정치적으로 매우 중요한 서울시장 선거에서 거대정당 후보들을 물리치고 당선되면서 정당 정치의 위기론이 더욱 고조되었다. 마침내 올 것이 왔다는 분위기다. 정당이 후보자를 낼 수 없다면 정당임을 포기한 것이다. 그런 의미에서 본선에 후보자를 내지 못한 야당은 심각한 위기상황이라고 볼 수 있다. 물론 무소속에 패한 집권여당도 크게 다르진 않다.

그렇다면 정당 정치의 위기에 어떻게 대처하는 게 현명할까? 기존의 정당들은 그동안 당내 민주주의 강화에 초점을 맞춰왔다. 제왕적 총재의 폐해를 극복하기 위해 대표를 중심으로 한 최고위원회에 권한을 이양했다. 돈 많이 드는 정치 안 한다는 명분으로 지구당을 철폐하고 중앙당을 축소했다. 미국식 원내정당을 벤치마킹해 원내대표를 선출하고 의원총회를 활성화했다. 대통령이 여당을 장악해 온 관행도 '당정 분리'로 해결하고자 했다.

그러나 이러한 개혁에도 현재 우리나라 정당의 운영은 이전과 비교할 때 크게 달라지지 않았다. 오히려 대통령과 여당 간의 애매한 관계 때문에 국정의 안정성이 훼손되고 통치력이 약화하는 현상도 나타났다. 가장 적극 당정분리를 지켜온 노무현 대통령도 임기 말에는 당정분리가 현실적으로 어려움을 가져다준다는 점을 토로했다. 이명박 정부에서 자주 지적되어 온 소통의 부재 역시 그 연장선에 있다.

어쩌면 국민은 좀 더 근본적인 해법을 요구하고 있는지도 모른다. 이 대목에서 시장경쟁의 논리를 정치에 적용해보면 몇 가지 중요한 시사점을 얻을 수 있다. 어떤 기업이 해로운 성분을 상품에 포함하거나 소비자를 속이는 등 신뢰를 떨어트리는 행위를 했다면 시장에서 심판을 받는다. 매출이나 기업가치의 하락으로 이어지는 것이 보통이다. 그럼 정치에서도 마찬가지 결과가 나올까?

국회에서 몸싸움, 욕설, 법률의 날치기 통과 등 국민의 눈살을 찌푸리게 하는 행동을 했다면 그에 합당한 정치적 '벌'을 받는 것이 마땅하다.

거기에 연관된 정치인이나 정당은 다음 선거에서 살아남을 수 없어야 한다. 그러나 현실적으로 우리나라 정치에서는 정치인이 아무리 욕먹을 행동을 해도 상관없다. 정작 선거 때가 되면 정당에 우호적인 지역을 마음에 둬 사실상 당선을 보장받는 일이 다반사다.

경제에서 대기업이 중소기업에 불공정한 영향력을 행사하면 독과점으로 이어져 시장의 역동성을 약화시키고 소비자의 이익을 해친다. 마찬가지로 정치도 거대정당에 일방적으로 유리한 환경은 독과점을 불러와 정치 불신을 가중시키고 유권자를 올바로 대표할 수 없게 한다. 민주화 이후 한국 정치에서는 지역주의가 조커 카드로 쓰이며 독과점을 키워왔다.

우리나라 정당은 지역기반을 바탕으로 중앙 집중화된 독과점정당이다. 영남에서는 새누리당(한나라당), 호남에서는 민주통합당(민주당)이 정치 시장을 독점해왔다. 제왕적 대표(혹은 배후의 리더)가 강력한 영향력을 행사하며 구태의연한 정치를 되풀이하고 있다. 최근까지 문제가 되고 있는 공천헌금이 그 반증이다.

전근대적인 기득권의 카르텔이 기존 정당에 그대로 남아 있다. 진정한 새로운 피는 여전히 정계 진출이 막혀 있다. 기득권끼리의 교체는 국민에게 감동을 줄 수 없다. 정치 불신을 없애고 건강한 경쟁이 이뤄지기 위해서는 무엇보다 독과점을 무너뜨리는 일이 절실하다.

시장에서는 각 기업이 새로운 상품과 아이디어를 내놓기 위해 애쓴다. 그래야만 기업이 냉혹한 경쟁 속에서 살아남을 수 있기 때문이다. 한 기업의 혁신은 경쟁기업에도 커다란 자극을 준다. 미국 애플사의 스티브 잡스가 창조한 혁신적 아이디어들은 삼성전자 등 경쟁기업들이 자신을 업그레이드하는 계기가 되었다.

정당 정치도 혁신경쟁이 체질화되어야 한다. 기존 정당들이 아무리 경제민주화를 외쳐도 국민이 시큰둥한 이유가 뭘까? 정당 민주화도 못하면서 경제민주화를 주장하기 때문이다. 정치가 독과점에 안주하고 있으면서 시장의 독과점을 질타하는 것은 진정성이 없다. 거대정당의 독과점 구조를 깨고 혁신적인 아이디어를 가진 새로운 정치집단이 자리를 잡을 수 있어야 한다.

기업이 돈과 이윤을 추구한다면 정당은 표와 권력을 추구한다. 기업이 혁신적인 상품으로 소비자를 유혹하듯이 정당도 혁신적인 대안으로 유권자에게 어필할 수 있어야 한다. 그럼 정치 시장에 경쟁력을 갖춘 대안 세력이 등장하려면 어떻게 해야 할까? 구체적인 방법은 한국 정치의 다른 몇 가지 문제점을 짚어본 후 뒤에 다뤄보도록 하겠다.

과연 여론조사와
모바일투표가 민심을 대변하는가

정치는 결국 사람이 하는 일이다. 어떤 사람을 고르느냐가 정치발전의 척도다. 우리나라에서 정치인의 충원은 대부분 정당을 중심으로 이뤄진다. 유권자의 선택기준은 인물, 정책, 이념 등 여러 가지가 있다. 하지만 우리나라에서는 소속 정당이 무엇보다 중요한 기준이다. 정당은 유권자에게 후보에 대한 정치적 정보를 쉽게 제공해 주는 신호 역할을 한다. 특히 우리나라처럼 지역별로 선호 정당이 뚜렷하게 나뉘는 곳에서는 어느 당 소속으로 선거에 나오느냐가 당락에 큰 영향을 미친다.

그렇다면 우리나라 정당은 과연 정치인의 충원을 똑바로 하고 있을까? 다른 나라와 비교할 때 우리나라는 총선 때마다 현역 국회의원의 교체율이 높은 편이다. 대체로 40퍼센트 이상씩 새 인물로 교체되고 있다. 노무현 대통령에 대한 탄핵 직후에 시행된 2004년 총선에서는 전체 국회의원의 3분의 2가 초선이었다. 이처럼 현역 교체율이 높은 것은 선거 경쟁에서 패배한 경우보다는 정당의 공천 과정에서 배제되는 일이 많기 때문이다. 새 인물을 공천함으로써 기존 정치에 싫증 난 유권자들로부터 지지를 얻어내기 위한 고육지책인 셈이다.

높은 비율의 현역 교체는 긍정적인 효과를 낳기도 한다. 사실 한국

사회가 비교적 심각한 진통 없이 민주주의를 다질 수 있었던 데는 재야 및 시민사회의 활동가들이 정당을 통해 제도권 정치에 참여해왔다는 사실과 관련이 있다. 과거 민주화 운동을 이끌었던 주요 인물인 김근태, 이부영, 김문수, 노무현, 손학규, 이재오 등이 1988년부터 1996년 사이에 제도권 정치에 입문했다. 이후에는 1980년대 학생운동의 주역이었던 이인영, 송영길, 김민석 등 이른바 '386세대'가 기존 정당을 통해 정치에 입문했다.

그들이 제도권 정치에 들어올 수 있었던 것은 '새로운 피' 수혈에 대한 유권자의 여망에 힘입은 바 크다. 결과적으로 국민의 지지를 얻고 있는 잠재적인 정치세력을 끌어들여 한국 정치의 안정과 외연 확대에 크게 이바지했다고 평가할 수 있다. 다만 아직도 우리나라에서는 제왕적 지도부가 신인이나 새로운 세력의 정치 진출을 좌지우지하는 경향이 있다. 반드시 극복해야 할 과제다.

그런 의미에서 공천과 관련된 매우 중요한 문제는 누가 어떻게 공천을 결정할 것인가 하는 점이다. 나라마다 또 시기마다 공직 후보자를 결정하는 방식은 조금씩 다르다. '3김'이 했던 것처럼 당수가 사실상의 전권을 행사하는 형태도 있다. 영국 보수당은 1960년대까지 '매직 서클'이라고 불린 소수의 당내 중진들이 모여서 결정했다. 한때는 정당에서 집행위원회나 대의원대회를 열어 후보를 뽑기도 했다. 그리고 최근에는 당원뿐 아니라 유권자까지 참여를 확대하는 방식이 주목을 받고 있다.

다양한 방식에도 한 가지 분명한 추세는 선출 과정에 참여하는 사람들의 수가 늘어나고 있다는 것이다. 우리나라에서는 2002년 대선을 계기로 3김이 정치적으로 은퇴했다. 새천년민주당의 국민 참여 경선이 정치적으로 흥행하면서 공직후보자 선출의 개방성이 확대됐다. 일반 당원들에게 참여의 동기를 높이고 새로운 집단을 지지층으로 끌어들이는 효과가 입증됐기 때문이다. 물론 선출의 명분도 더욱 커진다.

이렇게 공천 과정의 개방성이 확대되는 것은 분명 긍정적인 변화다. 그러나 우려도 적지 않다. 대표적인 것이 여론조사에 대한 지나친 의존이다. 근래 들어 여론조사가 정당 공천에서 널리 사용되고 있다. 불특정 다수의 '국민'이 정당의 후보자 선정에 참여하게 된 것이다.

우리나라에서 여론조사는 이미 정치적으로 대단히 큰 영향을 미치고 있다. 가장 대표적인 사례가 아마도 2002년 대선 과정에서 있었던 노무현과 정몽준의 후보 단일화 여론조사일 것이다. 그때 여론조사에서 승리한 노무현은 대통령이 되었다. 2007년 대선을 앞두고도 유사한 현상이 나타났다. 한나라당 경선에서 이명박 후보는 선거인단 득표수에서 박근혜 후보에게 뒤졌다. 그러나 여론조사에서 승리를 거두며 근소한 차이로 후보로 선출되었다. 당시 참여정부에 대한 지지가 매우 낮았던 상황이었기 때문에 한나라당 후보가 대선에서도 승리할 가능성이 컸다. 최근 치러진 두 차례 대선에서 모두 여론조사가 대통령을 결정한 셈이다.

여론조사는 당선 가능성 정도를 파악하기 위한 보조적인 자료로 쓰일 수는 있다. 하지만 공천 잣대로 활용되는 것은 적절하지 않다. 여론조사는 말 그대로 여론의 흐름을 파악하기 위한 것이다. 공직후보자 선정에서 여론조사는 인지도 조사나 인기투표 수준에 불과하다. 응답자는 투표하는 것과 같은 책임감을 느끼지 못한다. 후보자에 대한 충분한 정보를 갖지 못한 상황에서 여론조사에 응하는 경우가 많다. 결국 돌아오는 답은 이름을 들어본 적이 있는 사람이거나 대중매체를 통해 호의적 이미지를 형성한 인물 정도다.

바로 이런 이유 때문에 여론조사 결과가 공천과 같은 중요한 결정에 큰 비중을 갖는 것은 위험하다. 비유하자면 어떤 여성에 대해 호감을 느끼는 것과 그 사람을 결혼할 배우자로 선택하는 것은 분명히 다른 의미가 있다. 전자는 의사 표현이고 후자는 결과에 책임을 져야 한다. 여론조사와 투표행위의 차이도 이와 비슷하다. 여론조사는 단순한 의견 표명일 뿐 결과를 의식하지 않는다. 반면 투표는 자신의 한 표가 구체적인 결과로 이어지는 만큼 신중할 수밖에 없다.

여론조사 방식은 또 후보자에 대한 검증을 소홀히 할 우려가 있다. 일반적으로 우리나라에서는 정치권에 몸을 담근 인물들을 비판적이고 부정적으로 바라보는 경향이 강하다. 매번 총선 때마다 정치권 외부에 있는 ‘새로운’ 인물을 발굴하려고 하는 것도 바로 이 때문이다. 그런데 공천 과정에서 여론조사의 중요성이 커지면 커질수록 정치권 외부에서 좋은 이미지를 쌓아온 이들이 매우 유리한 입장에 놓이게 된다. 신선하면서도 호의적인 이미지를 갖고 있기 때문이다.

문제는 그들의 '정치적 역량'이나 '정책적 입장'에 대해서는 일반인들이 잘 모르는 경우가 많다는 것이다. 요즘 각종 여론조사에서 차기 대통령으로 큰 지지를 받고 있는 서울대 안철수 교수가 좋은 예다. 안 교수의 사업적 성공이나 공익을 위한 기여는 청춘콘서트나 TV 프로그램 출연 등을 통해 널리 알려졌다. 그러나 역량이나 입장에 대해서는 제대로 검증된 바 없다. 호의적인 이미지가 대통령 적합도로 둔갑해 버젓이 정치권에 유통되고 있는 것이다.

게다가 우리가 종종 경험하는 일이지만 여론조사가 과연 얼마나 정확하게 민심을 잡아내고 있는지도 불분명하다. 2010년 6월 지방선거에서 각종 여론조사는 한나라당의 우세를 점쳤다. 그러나 실제 결과는 민주당의 승리로 나타나 집권여당에 치명타를 안겼다. 2012년 총선에서 종로에 출마한 한나라당 홍사덕 후보와 민주당 정세균 후보는 하루가 멀다고 춤을 추는 여론조사에 애간장을 태워야 했다.

여론조사가 유권자의 정치적 의사를 제대로 반영하지 못한 경우는 비단 우리나라에서만 나타나는 일은 아니다. 아마도 가장 널리 알려진 일은 1948년 미국 대통령 선거일 것이다. 당시 갤럽, 로퍼, 크로슬리 등 주요 여론조사 기관이 모두 듀이가 트루먼을 이길 것으로 예측했다. 이를 믿고 시카고 데일리 트리뷴 지는 투표일 다음 날 아침에 "듀이가 트루먼을 이겼다"는 오보를 1면 머리기사로 실어 세간의 비웃음을 사기도 했다.

이처럼 여론조사는 결과에 책임을 지지 않는데다 제대로 된 검증도

할 수 없으며 더욱이 정확한 것이라고 보기 어렵다. 정당의 공직 후보 선출에 지금과 같이 무분별하게 사용하는 방식은 지양하는 것이 바람직하다. 여론의 흐름을 파악하고 당선 가능성을 타진하는 보조수단 정도가 적당하다.

정당 공천의 또 다른 대안으로 도입된 방식은 국민경선제다. 정당의 공직 후보 선출 과정에서 일반 유권자들의 의사를 반영하는 제도다. 대표적으로 미국의 예비선거를 들 수 있다. 특정 정당에 대한 지지의사를 밝히면 당적과 관계없이 모든 유권자에게 투표권을 준다.

현재 우리나라에서는 선거인단, 즉 당원과 대의원과 일반인이 참여하는 국민경선 방식이 일반적이다. 이 방식은 비당원이 공천 과정에 참여함으로써 한국정당의 고질적 병폐인 당내 비민주성을 없앨 수 있다는 장점이 있다. 이른바 '체육관 선거'로 지칭되는 유명무실한 밀실 정치의 관행을 없앰으로써 참여민주주의 발판을 공고히 할 수 있다.

문제는 전국단위 선거가 아닌 지역경선이다. 대통령 후보나 당 대표를 뽑는 전국 규모의 국민경선은 많은 유권자의 자발적 참여를 이끌어낼 수 있다. 그러나 지역구 수준에서는 관심과 흥미가 제한적이기 때문에 표심이 왜곡될 가능성이 크다. 일반 유권자들이 동원 또는 매수 유혹에 빠지는가 하면 후보 선출을 교란할 목적으로 상대 정당 지지자들이 악의적으로 참여할 수 있다.

실제로 지역구에서도 예비선거를 하는 미국은 현직 의원의 교체율이 놀랄 만큼 낮다. 현직이 도전자보다 유리한 '현직 효과'가 크게 나타나는 것이다. 우리나라도 지역구에 이 방식을 도입하면 현직 의원이나 위원장이 상대적으로 유리할 것이다. 참여율이 떨어지는 선거에선 조직력이 잘 먹히게 마련이다.

선거 때마다 논쟁을 불러일으키는 모바일 투표도 개선해야 할 과제를 안고 있다. 모바일 투표의 가장 큰 목적은 일반 국민의 참여를 좀 더 적은 비용으로 확대해보자는 것이다. 하지만 결과는 정반대로 나타나고 있다. 후보의 자금력과 조직력이 결과에 큰 영향을 미치고 있다.

2012년 19대 총선에서는 지역구에서 모바일 선거인단을 동원하다가 과열되는 바람에 선거운동원이 투신자살하는 일까지 벌어졌다. 통합진보당 폭력사태도 모바일 투표의 부정선거 여부를 가리다가 촉발된 일이다. 민주통합당의 대선후보 경선도 마찬가지다. 모바일 투표의 공정성 문제부터 당심 왜곡 논란까지 한 시도 조용할 날이 없었다.

국민경선은 일반 유권자의 자발적인 참여가 관건이다. 하지만 그것을 이끌어내기는 쉽지 않다. 특히 지역구 수준에서는 더하다. 무엇보다 정보 부족 때문이다. 잘 알려진 인물이 아니라면 후보자가 누구인지 잘 모른다. 따라서 지역에서 경선을 성공적으로 실시하기 위해서는 유권자의 관심을 높이고 후보자에 대한 적절한 정보를 제공하는 방안이 필요하다.

예컨대, 이미 시도된 바 있는 배심원제 형태의 후보 선정 방식을 고려해 볼 수 있다. 우선 해당 지역구의 당 지지자들 가운데 지원 신청을 받아 그 가운데서 일정한 수의 경선 배심원을 추첨으로 선발한다. 당에서 1차로

선별한 후보자들이 배심원들 앞에서 연설, 토론, 질의응답 등의 방식을 통해 자신의 정책적 입장과 정치적 역량을 보인다. 배심원들이 이를 토대로 선거를 통해 후보자를 고르도록 한다.

현실적으로 한 지역구에서 배심원을 선정하는 것이 동원 우려나 낮은 참여 때문에 어려움이 있을 수 있다면 몇 개의 지역구를 묶어 배심원을 결정할 수도 있다. 배심원제는 지역 실정에 맞게 융통성 있게 적용할 수만 있다면 정당 정치를 활성화할 수 있는 장점이 분명히 있다.

'인사가 만사'라는 말이 있다. 유능하고 참신한 정치인의 발굴과 충원은 대의민주주의의 성패를 좌우하는 대사다. 결국 정당의 책임이 크다. 공직 후보자 선출은 그 과정이 민주적이고 투명해야 할 뿐만 아니라 역량, 도덕성, 자질 등을 올바로 검증할 수 있어야 한다. 그런 점에서 볼 때 그간의 많은 진전에도 불구하고 우리의 정당 정치는 아직 해결해야 할 과제가 적지 않은 것으로 보인다.

대통령의 임기는
사실상 그 절반에 불과하다

"헌법 제65조에 의해 탄핵안이 가결됐음을 선언합니다."

현직 대통령 탄핵이라는 초유의 사태가 역사에 기록되는 순간! 박관용 국회의장의 의사봉 소리에 한나라당 의원들은 손뼉을 치며 환호했다. 반면, 본회의 상정을 저지하려 했던 열린우리당 의원들은 눈물 젖은 애국가를 불렀다. 탄핵안 가결 직후 서울 여의도에서 시작된 촛불집회는 전국을 뒤덮으며 앞으로 정치지형의 변화를 예고했다.

2004년 3월 12일 노무현 대통령 탄핵안이 국회에서 의결되던 장면은 한국 현대사의 한 페이지를 장식했다. 5월 14일 헌법재판소에서 기각하긴 했지만, 오늘날 대통령의 위상을 적나라하게 보여준 사건으로 오래 기억될 것이다. 대한민국 대통령은 과연 무소불위의 권력자일까? 대통령의 통치력은 어떻게 해야 확보할 수 있을까?

'제왕적 대통령'이라는 말이 있다. 해방 이후 한국 정치에서 대통령은 막강한 권력의 소유자였다. 박정희, 전두환 시절에는 군이 직접 통치에 나섰고 중앙정보부(안기부), 보안사(기무사) 등 정보기관의 정치 사찰과 개입으로 국민에게 두려움을 심어주었다. 모든 권력은 대통령 1인에 집중됐다. 대통령은 통치자금과 권력기관(검찰, 경찰, 국세청 등)을 동원해 국정을 지배했다.

국회는 통법부에 지나지 않았다. 대통령이 지시하면 거수기 노릇을 했다.

그럼 오늘날에도 제왕적 대통령의 시대가 이어지고 있을까? 물론 이미지는 남아 있다. 하지만 실상은 다르다. 우리나라는 민주화 이후 20여 년 동안 비교적 안정적으로 민주화가 진행되었다. 그러다 보니 대통령의 권한도 과거와 달리 제한적으로 바뀌었다. 통치력이 위축된 결과 '레임덕 대통령'이라는 비판까지 나올 정도다. 이 사실은 청와대에서 며칠만 근무해보면 알 수 있다.

우선 민주화 때문에 언론과 시민사회의 자율성이 커지면서 권력에 대한 감시와 비판이 강화되었다. 지방자치의 진전과 함께 지방행정도 중앙권력의 직접적 지시나 통제로부터 자유로워졌다. 사법권의 독립성 또한 커졌다. 상명하달식의 권위주의 통치방식은 더는 먹히지 않는다. 참여와 자치의 수평적, 상향적 질서로 변화하는 것이다. 이 모든 변화가 권위주의 시절 막강했던 대통령의 권력을 제어하고 있다.

대통령의 권력을 가장 효과적으로 견제하는 것은 뭐니 뭐니 해도 국회다. 1988년 민주화 이후 첫 국회의원 선거 결과 여소야대의 국면을 맞이하게 되면서 대통령은 국회를 장악한 야당들의 협력 없이는 국정을 안정적으로 이끌어 가기 어려운 상황을 맞이했다. 그 이전에 한 번도 경험해보지 못한 새로운 환경이었다.

이후 꼭 여소야대가 아니더라도 국회의 견제권한은 나날이 강화되어 갔다. 국정감사 권한이 되살아나면서 국회가 국정 전반에 대해 검토하고 문제점을 찾아냈다. 특별히 문제시되는 사안에 대해서는 국정조사를 할 수 있는 권한도 갖게 되었다. 필요한 경우에는 특별검사 제도를 활용할 수도 있다. 이러한 제도적 변화는 모두 대통령과 행정부의 독주를 막을 수 있는 효과적인 견제 수단으로 자리매김했다.

지금은 대통령이 직접 행사할 수 있는 권한이라고 해봐야 주요 고위 공직자에 대한 인사권이 전부다. 하지만 이마저도 인사청문회 절차를 거쳐야 한다. 그 대상도 국무총리는 물론 국가정보원장, 검찰총장, 국세청장, 경찰청장 등 권력기관장을 비롯해 어느새 전 장관으로 확대되었다.

근래 들어 이 제도는 대통령의 인사권에 상당한 영향을 미치고 있는 게 확실하다. 김대중 정부의 장상, 김대환 총리 지명자, 노무현 정부의 김병준 교육부총리 지명자, 이명박 정부의 김태호 총리 지명자가 여기에 해당한다. '막강하다'는 대통령이 자신이 원하는 인물도 마음대로 임명하기 어렵게 된 것이다. 국회도 국회시만 TV를 통해 전 국민에게 생중계되는 만큼 민의를 거스르기 어려운 탓이다.

청문회가 필요 없는 인사도 다를 게 없다. 영포라인이니, 회전문 인사니, 강부자(강남 부자)니 온갖 반대 구실이 따라붙는다. 아무리 적임자라 해도 야당과 언론에서 집중포화를 맞는 상황에서 인사를 강행하기는 어렵다.

민주주의의 진전은 바람직하다. 그러나 오늘날에 와서는 지도력에 대한 불만도 적지 않은 것 같다. 그것은 통치력이 제대로 발휘되지 못하고 있다는 의미다. 대통령은 참여, 자치, 견제의 민주적 질서 속에서 통치력을 효과적으로 발휘해야 한다. 그러나 임기 5년의 단임제가 갖는 구조적 한계가 이를 가로막고 있다.

박정희 대통령 시절의 치적에 대한 높은 평가는 그가 18년 동안 권좌에 있었던 데서 비롯된다. 사실 5년 단임의 대통령이 할 수 있는 일은 많지 않다. 더욱이 과거처럼 대통령이 반대자를 억누르면서 자기 마음대로 정책을 펼 수도 없는 환경이다. 아무리 박정희라고 해도 지금이라면 그런 업적을 남기기 어려웠을 것이다.

더 큰 문제는 그 5년도 전부 활용하기 어렵다는 점이다. 어느 나라, 어느 시대의 대통령이든 임기 초반에는 아마추어적일 수밖에 없다. 아무리 준비를 많이 했다고 하더라도 업무를 파악하고 지도력을 갖추려면 최소 6개월 이상의 시간이 필요하다. 또 마지막 해는 정치권과 국민의 관심이 온통 후임 대통령에게 쏠리게 마련이다. 이렇게 되면 레임덕에 빠진 현직 대통령은 아무 일도 할 수 없게 된다.

게다가 임기 중에도 대통령을 무력화시키는 위기가 비일비재하다. 총선과 지방선거 등 큰 선거에서 집권당이 패배하면 대통령의 힘은 현저히 빠진다. 대통령의 측근이나 인척이 비리에 연루된 추문 역시 조기 레임덕을 부르는 악재다. 결론적으로 법으로 보장된 대통령의 임기가 5년이라 해도 실질적으로 국정을 이끌 수 있는 기간은 그 절반에 불과하다. 일 좀 하기에는 턱없이 모자라는 시간이다.

레임덕은 고정된 임기를 가진 모든 정치지도자가 피할 수 없는 현상이다. 그러나 대통령이 통치력을 발휘할 시간을 주지 않는다면 국가 발전에 저해 요인이 될 수 있다. 5년 단임제는 장기적인 국가 어젠다의 마련이 쉽지 않다. 때로는 임기 중에 업적을 내려는 조급함이 무리수로 이어지기도 한다.

이런 이유로 안정적이고 효과적인 리더십 확보를 위해 통치 구조를 개편하자는 논의가 나타난다. 이른바 '개헌론'이다. 2007년 노무현 대통령은 대통령과 국회의 임기를 같이 조정하자며 원포인트 개헌을 제안한 바 있다. 이명박 대통령도 2010년 광복절 연설에서 국민적 합의에 따른 개헌 필요성을 제기했다.

그러나 개헌의 필요성은 인정하지만, 그 방향에 대한 뚜렷한 합의는 존재하지 않는다. 4년 중임제, 이원정부제, 내각제 등 스펙트럼이 워낙 다양하다. 더욱이 우리나라에서는 1960년 4·19 혁명과 1987년 6월 항쟁 등 정치적 격변 상황에서나 개헌이 이뤄져 왔다. '평상시에' 국민적 합의를 통해 개헌을 시도한 적은 아직 없다.

현실적으로는 개헌의 동력을 찾기가 쉽지 않은 상태에서 무리하게 통치구조 개편을 추진하면 결국 소모적인 정쟁에 휩싸이기 쉽다. 개헌의 필요성을 사회적으로 폭넓게 공유하며 개헌의 방향에 대해 국론을 모아가는 과정이 필요하다. 그것은 정치권뿐 아니라 사회운동 차원에서 전개해야 할 일이다. 그렇다면 현시점에서 대통령이 통치력을 효과적으로 발휘하려면 무엇을 해야 할까? 일단 더욱 현실적이고 실현 가능한 대안을 찾아야 한다.

먼저 생각해 볼 수 있는 점은 집권당과 대통령 간의 효율적 협력이다.

　　　대한민국은 미국과 달리 집권당 의원들이 정부 각료나 청와대 참모로 기용되기도 한다. 집권당은 입법부의 일원으로 행정부를 '견제'하는 역할도 해야 한다. 하지만 원활한 국정 운영을 위해 의회에서 행정부를 '지원'하는 기능도 부여받고 있다. 고로 한국 정치에서 의미가 있는 것은 '입법부 대 행정부'보다 '정부·여당 대 야당' 간의 관계 설정이라고 할 수 있다. 이런 한국 정치의 특성을 인정하는 일이 중요하다.

　　　집권당과 대통령의 관계가 얼마나 중요한지 잘 보여주는 사례는 노무현 정부에서 찾아볼 수 있다. 노무현 대통령은 당정분리를 선언하고 지키려고 노력했으나 결국은 국정운영에 부담을 주는 결과를 낳고 말았다. 국정 운영 과정에서 집권당이 소외되었다. 결국 국정 운영의 추진력 약화로 이어졌던 것이다. 그런 의미에서 이명박 정부 역시 집권당과의 관계가 효과적이었다고 보기는 어렵다.

　　　대통령과 집권당의 효과적인 관계가 지배-복종의 관계를 의미하는 것은 아니다. 대통령은 과거처럼 집권당을 거수기로 부릴 수가 없다. 오히려 국정 동반자로서 여당의 역할을 강화시킬 필요성이 있다. 정당은 시민사회의 의견을 정책에 반영하는 통로다. 정책 형성 과정에서 폭넓은 여론을 수렴하여 정부에 전달하고 정책에 대한 평가를 제대로 피드백해줄 수 있다면 대통령으로선 천군만마다.

　　　무엇보다 대통령이 집권당과 소통할 수 있는 협의채널이 중요하다.

당 정책위원회와 행정부 고위관료 간의 협의체가 원활하게 돌아가야 한다. 당 대표와의 정기적인 회합 역시 꼭 필요하다. 국정 운영의 두 축이 서로 통해야 당정 간의 효율적인 의사소통이 가능해진다. 물론 집권당이라 해도 정치지형이 바뀌고 큰 선거를 목전에 두면 대통령과 거리를 둘 수도 있다. 그럴수록 소통의 끈을 놔서는 안 된다.

하지만 여소야대 정국이 오면 집권당과의 소통만으로는 대통령의 통치력을 확보하기 어렵다. 야당의 협조 없이는 정부안의 통과가 어렵기 때문이다. 다당제하에서 이런 난국을 극복하려면 정책연합이나 연립정부에 유연해져야 한다.

사실 과거에도 대통령을 중심으로 한 정당 간 연합, 연립의 사례가 있었다. 1997년 대선에서 김대중과 김종필은 이른바 'DJP 연합'으로 승리했다. 두 사람은 집권 이후 연립정부를 구성했다. 노무현 대통령도 2005년 7월 '대연정'을 한나라당에 제안했다. 내각제 수준의 권력 이양을 전제로 한나라당이 주도하고 열린우리당이 참여하는 연립정부를 구성하자는 것이었다. 단, 지역주의 정치 타파를 위한 선거제도 개혁을 조건으로 내세웠다. 이 제안은 한나라당의 반대로 실현되지는 못했다.

대통령제 아래에서의 연립정부 구성은 분권과 힘의 공유라는 측면에서 중앙집권화의 문제점을 극복하는 데 도움을 줄 수 있다. 그러나 우리나라에서는 연합의 정치가 권력 추구를 위한 야합으로 비치기도 했다. 연합이 '원칙 없는 야합'이라는 비판에서 벗어나기 위해서는 정책적인 입장에 따라 이뤄지는 것이 바람직하다. 또 정치적 거래에 대한 의혹을 줄이고 실현 가능성을 높이기 위해 선거 전에 연립을 밝히면 더욱 좋을 것이다.

지나치게 강한 대통령의 권한은 제도적으로 견제받아야 한다. 하지만 동시에 안정적이고 효과적인 통치력의 확보 역시 국가적으로 매우 중요한 일이다. 한국 정치의 관행과 역사 속에서 개헌, 당정 소통, 연합 및 연립 등 다양한 가능성을 짚어본 이유다.

신인류가 정권 못 잡으면
대한민국 미래도 없다

그나저나 2012년 12월 19일 대통령선거에서 선출되는 대한민국 18대 대통령은 큰일 났다. 국무총리실을 필두로 행정부처의 세종시 이전이 본격적으로 시작되고 있다. 그렇지 않아도 임기 초반에는 국정이 어수선할 텐데 행정부처 이전으로 자칫 손발이 따로 놀게 생겼다. 게다가 2014년에는 지방선거가 잡혀 있다. 2013년 말부터 새 정권과 언론의 허니문도 끝나게 돼 있다. 이것은 국정경험이 있는 사람이라면 누구나 알 수 있는 사실이다. 집권당이 서울시장이라도 뺏기는 날엔 레임덕이 따로 없다. 제대로 통치력을 발휘하기도 전에 힘이 빠진다는 말이다.

그중에서도 세종시 이전은 한국 정치에 더욱 근본적인 고민을 던진다. 행정부처가 이전해도 장관의 사무실은 사대문 안에 남을 것이다. 정부청사가 과천에 있는 지금도 장관 사무실은 서울에 둔다. 나도 지난 5년간 장관들을 과천보다 사대문 안의 사무실에서 훨씬 많이 만나 왔다.

세종시로 이전하면 장관과 부하직원들의 거리는 더 멀어진다. 상하 간의 물리적인 단절이 불가피하다. 오가며 회의하다가 세월 다 갈지도 모른다. '스마트 전자정부'라고 추진해봐야 장·차관이 활용을 못 하면 아무 소용이 없다. 정부와 정치권과 국민 간에 새로운 소통방식이 체질화돼야 한다.

지금까지 한 번도 겪지 못한 새로운 정치 환경이 밀려오고 있기 때문이다.

　　우리나라 정당 정치가 위기에 몰린 것은 앞서 이야기했듯이 여러 가지 원인이 복합적으로 얽혀 있다. 그중에서도 으뜸으로 꼽을 수 있는 것은 디지털 정치의 부상이다. IT 혁명과 함께 인터넷과 모바일을 통한 정치 활동이 활성화되었다. 트위터, 페이스북 등 SNS는 시민 스스로 여론을 형성하고 집회를 조직하는 일을 자연스럽게 만들었다. 이제는 일상과 정치의 영역도 구분하기 어렵게 되었다. 그 결과 그동안 정치 커뮤니케이션을 독점해왔던 정당이 뒷전으로 밀렸다. 대통령의 통치력이 전만 못한 이유도 여기서 찾을 수 있다.

　　새로운 소통방식은 이러한 현실을 있는 그대로 인정하는 데서 출발해야 한다. 요즘도 정부기관에서는 아침마다 신문스크랩을 만들어 상부에 보고를 올린다. 혹시나 책잡힐 일은 없는지, 여론이 어떻게 돌아가는지 파악하기 위해서다. 물론 불필요한 일은 아니다. 하지만 지금은 몇몇 언론사가 어젠다를 세팅하는 시대가 아니다. 매체 몇 군데 잡는다고 실책을 덮을 수도 없다. 이제 소셜 네트워크에 직접 주파수를 맞춰야 한다.

　　소셜 네트워크 환경에서 개개인은 모두 미디어다. 정부든, 정당이든 개인 미디어와의 막힘없는 소통이 절실하다. 하이브리드 신인류는 자신들끼리 네트워크를 짜고 정보를 주고받는다. 이런 환경에서 일방적인 홍보는 역효과를 부른다. 일방적인 정보나 통제된 정보는 관심 밖이기 때문이다. 반면 소셜 네트워크에서 주거니 받거니 소통할 수 있는 정보가 신뢰를 얻는다. 쌍방향이냐 아니냐가 공신력의 척도가 되는 셈이다.

　네트워크를 장악하겠다는 생각도 버려야 한다. 중요한 것은 진정성 있는 소통이다. 이명박 정부도 이게 안 됐기 때문에 초반에 고생한 것이다. 그것은 트위터 한 번 날린다고 되는 일이 아니다. 소통환경 변화에 지속해서 적응하는 노력이 필요하다. 새로운 기기와 네트워크에 익숙해지고 감수성과 창의성을 배워나갈 일이다.

　무엇보다 대통령의 핵심 참모들이 일상생활부터 새로운 소통에 익숙한 사람들로 채워져야 한다. 하이브리드 신인류가 주류가 되어야 한다는 말이다. 지난 몇 년간 정부와 정치권이 스마트 IT 변화를 따라잡지 못했다. 가장 빨리 변하는 게 IT 기술이다. 지난 30년을 놓고 볼 때 최근 3년간 변한 게 이전 27년보다 더 빨랐다. 이제는 스마트 기기와 소셜 네트워크에 적응하지 못하면 국민과 소통할 수 없을 정도다. 하이브리드 신인류가 전면에 나서지 못하면 국정운영이 어려울 수밖에 없다.

　물론 50대 이상 아날로그 네이티브 세대는 기술발전을 따라가기가 벅찰 것이다. 그렇다고 자기 걸 고집해서는 곤란하다. 우월한 소통기술을 가진 20~30대 디지털 네이티브 세대에게 중세시대 유물을 쓰라고 할 수는 없다. 지금은 기술발전이 정치 거버넌스를 바꾸는 시대다. 스스로 바뀌어야 한다. 하이브리드 신인류가 되어야 한다. 대통령의 통치력 확보도, 정당 정치의 회복도 여기에 달려 있다.

　하이브리드 신인류의 본류를 형성하는 것은 2030 디지털 네이티브 세대다. 하지만 신인류가 젊은 세대에 국한되는 것은 아니다. 스마트폰 이용자가 40~50대로 빠르게 확산하는 것만 봐도 알 수 있다. 디지털 융복합 트렌드를 읽고 적극 변화를 수용하며 이념을 벗어나 다양성과 다원성을 추구하는 사람들은 모두 신인류에 포함된다.

하이브리드 신인류는 어느덧 대한민국 소통의 중심으로 자리를 잡고 있다. 그들은 아날로그 선거법이 디지털 정치를 가로막고 있다고 생각한다. 기득권 세력이 참여민주주의에 딴죽을 건다고 여긴다. 신인류에게 지역주의에 뿌리를 둔 독과점 정당은 극복대상이다. 2011년 서울시장 보궐선거에서 무소속 박원순 후보를 당선시킨 것도 그들이다. 낡은 정치 질서를 넘으려는 의지가 담긴 선택이었다.

지금 대한민국에서는 IT 혁명이 새로운 정치 질서를 만들고 있다. 2012년 대선정국을 강타하고 있는 안철수 현상도 이와 무관치 않다. 우리나라는 수도권에 인구가 밀집돼 있으며 물류와 대중교통이 발달했다. 무엇보다 국민의 스마트 IT 이용률이 높다. 기술발전이 정치혁명으로 이어질 가능성이 매우 큰 곳이다. 이미 전 세계가 테스트베드로 우리나라를 지켜보고 있다.

결국 하이브리드 신인류가 다음 정부의 주도세력이 돼야 국정이 원활하게 돌아갈 것이다. 만약 그렇지 않으면 대한민국의 미래도 없다. 2012년 대선의 진짜 관전 포인트도 여기에 있다. 누가 선거법을 디지털 융복합 환경에 맞게 바꾸는 공약을 내거는지, 지역주의 독과점을 넘어서는 새로운 정치 질서를 어떻게 그리는지, 우물 안 개구리를 탈피해 글로벌 승자가 되기 위한 비전을 제시하는지, 따분한 보수와 수구 진보를 벗어나 진정성을 가지고 내 문제를 고민해주는지 꼼꼼히 살필 일이다.

세대와 지역과 계층이
조화를 이루는 정치생태계

혹자는 세계 어디를 가봐도 우리나라 국민만큼 정치에 관심 많은 사람이 없다고 한다. 겉으로는 무관심한 듯해도 정치인 이름을 줄줄이 꿰고 있다. 역사적 경험을 통해 정치의 중요성을 인지하고 있기 때문이다. 한국남자들은 밥 먹기 전에는 음식 이야기, 밥 먹을 때는 정치 이야기, 밥 먹고 난 다음에는 연예인 이야기다. 이런 사람들이 정치에 실망하면 무당파로 돌아선다. 창조적 파괴에 앞장선다는 뜻이다.

오늘날 대한민국 정치는 참 다이내믹하게 돌아가고 있다. 2010년 서울시장 보궐선거에서 무소속 시민운동가 박원순을 시장으로 만들었다. 2012년 대선을 앞두고는 안철수 신드롬이 식을 줄 모른다. 정당이고 뭐고 아무것도 안 만든 사람이 차기 대통령 적합도 조사 1~2위를 다투고 있으니 흥미로운 일이 아닐 수 없다. 기존 정당들과 정치를 멀리했다는 것이 큰 강점으로 유권자들에게 보이는 역설적 현상이 눈앞에 펼쳐지고 있다. 대통령 선거 결과에 따라 정치권의 지각변동이 불가피해졌다.

그러나 진짜 변화는 그다음부터다. 디지털 융복합 트렌드가 본격적으로 정치 질서에 반영될 것이기 때문이다. 2014년 지방선거는 청년당과 지역당 등 다양한 대안정당이 출현하는 일종의 실험대가 될 가능성이 있다.

독과점을 가능케 한 선거제도 역시 강력한 도전에 직면할 것이다. 지역주의 독과점 정당구조를 대신해 세대와 지역과 계층이 조화를 이루는 정치생태계가 나타나길 기대해본다.

19대 총선에서 새누리당, 민주통합당, 통합진보당은 비상대책위원, 청년비례대표 등을 내세워 2030세대를 끌어안으려 했다. 그러나 정작 젊은 세대는 기존 정당의 쇼에 무관심한 편이다. 2030세대는 독과점 정치에 부정적이다. 기득권 정치인에게 이용당하려 하지 않는다. 젊은 세대에게 자리 몇 개 내준다고 소통이 잘될 거로 생각하면 오산이다. 그들은 오히려 40~50대 정치인이라도 디지털 소통방식에 익숙하고 말이 통하는 사람을 원한다.

물론 2030세대에게도 직접 정치에 참여해야 할 이유는 있다. 오늘날 2030세대가 처한 현실은 특수성이 있다. 청년실업, 비정규직, 고액등록금의 현실을 바꾸려면 기득권을 가진 정치세력에 맞서 당당히 목소리를 내야 한다. 노동부와 노총이 청년구직자의 아픔을 잘 헤아리지 못하기 때문이다. 기득권을 넘어서려면 청년 유니언처럼 2030세대를 대변할 조합도 필요하다. 하지만 그것을 제도적으로 뒷받침할 자신들의 정당도 절실히 요구된다.

그런 의미에서 2014년 지방선거 즈음에는 청년 당이 모습을 드러낼 수 있다. 외국 명문대를 나온 인재가 아니라 아르바이트생이나 백수 등 2030세대를 대표하는 사람들이 주축인 당이다. 등록금을 걱정하고 취직을 고민하는 젊은 세대의 진짜 속마음이 담긴 정당이다. 그들은 청년 유니언,

소셜테이너, 사회적 기업 등과 연대해 지방에서 국회까지 대한민국 정치를 바꾸려 할 것이다. 자신의 삶에서 출발해 자본주의 시장경제를 진화시켜 나갈 것이다.

독과점 정치를 극복하려면 지역에서도 거대정당의 정치적 독점을 막는 움직임이 필요하다. 이를 위해서는 지방 정치 수준에서 대안이 될 수 있는 경쟁자를 만들어야 한다. 현재의 정당법은 수도에 중앙당을 설치하고 5개 이상의 시도에 각각 1,000명 이상의 당원을 두어야 정당 설립이 가능하다. 원천적으로 지역을 거점으로 하는 정당의 출현을 불가능하게 하는 것이다. 우선 이러한 규정을 완화해야 한다. 일단 지방선거에서만이라도 특정 지역을 중심으로 활동하는 정당의 출현을 허용하자는 것이다.

예를 들면, 전국정당이 아니라 부산에 근거를 둔 지역정당의 설립을 허용하게 되면 새누리당에서 벗어나 활동해온 부산의 시민운동가와 정치지망자들이 모여들 것이다. 중앙 정치 수준에서 보면 존재감이 미미할 수 있지만, 지역 출신 인사들이 만든 정당이라는 점에서 대안으로 받아들여질 가능성이 크다. 지역주의에 따른 거부감이 아무래도 적을 수밖에 없기 때문이다. 마찬가지로 민주통합당이 독식해온 호남에도 지역에 뿌리를 둔 대안 정당이 만들어진다면 독과점 정당에 싫증 난 유권자의 표심을 흡수할 수 있다. 이렇게 된다면 적어도 지방정치에서 특정 정당이 단체장과 의회를 독식하는 폐해를 크게 줄일 수 있을 것이다.

물론 지역 대안정당의 파괴력을 깎아내리는 시각도 있을 것이다.

그러나 지역주의 독과점 정당에 대한 문제의식은 영호남을 막론하고 한국 사회에 광범위하게 자리를 잡고 있다. 대표적인 예로 2010년 지방선거에서 대구 달성군 유권자들은 한나라당이 아닌 무소속 후보를 달성군수로 뽑았다. 한나라당의 유력 대권주자인 박근혜 전 대표의 본거지에서 벌어진 일이다. 박 전 대표가 한나라당 후보 지지를 호소했음에도 불구하고 무소속 군수의 탄생을 막지 못했다. 지역에서 대안정당이 얼마든지 민심을 얻을 수 있다는 것을 바로 보여주는 사례다.

더욱이 지역별로 만들어진 정당들이 색깔에 따라 서로 연대하고 통합하면 전국적인 수준의 정당으로 발전해 나갈 수도 있다. 예를 들면 부산 녹색당과 푸른 전북당, 충청 녹색연합과 강원 환경당이 한데 뭉쳐 녹색당이라는 연합정당을 세울 수도 있다. 기존의 거대 독과점 정당이 수도권 중심의 하향식 조직이라면, 연합정당은 지방을 엮은 상향식 조직이다. 게다가 수노권에 정책정당들이 만들어져 함께한다면 금상첨화다. 청년백수당, 서울알바연대, 사교육타파당 등 현안 중심의 정치조직이 가세해 '융복합 정당'을 이루는 그림이다. 디지털 융복합 시대의 새로운 정치는 이런 모습이어야 할 것이다.

하지만 세대, 지역, 현안을 대변하는 대안정당이 바로 서려면 넘어야 할 산이 있다. 바로 지역주의 독과점 정당이 기득권을 지키기 위해 전가의 보도로 쓰고 있는 선거제도를 바꾸는 일이다. 현행 '단순다수 소선거구제'는 지역주의 정당에 일방적으로 유리한 환경을 마련해 주고 있다. 경쟁

후보자 가운데 가장 많은 표를 얻은 한 후보를 당선자로 결정하는 방식이다.

이 제도가 특히 우리나라에서 문제가 되는 까닭은 지역주의 기반이 없는 정당은 정치적으로 살아남기 어렵기 때문이다. 영남과 호남에서 모두 두 번째로 많은 득표율을 기록해도 1등을 싹쓸이한 새누리당과 민주통합당에 밀려 한 석도 얻지 못할 수 있다. 단순다수 소선거구제가 지역주의 카르텔을 확대 재생산하는 화수분 노릇을 하는 셈이다.

선거제도에 혁신적인 변화가 일어나야 한다. 새로운 시대의 요구에 맞는 새로운 정치세력이 등장하려면 먼저 독과점 구조를 깨야 한다. 유권자의 뜻을 합리적으로 반영할 수 있는 비례성 높은 선거제도의 도입이 시급하다.

비례성이 높은 선거제도는 사회적 약자의 정계진출을 위해서도 꼭 필요하다. 유능하고 참신한 인물이 정치해야 한다는 것은 상식이다. 그러나 사회 전체적으로 본다면 각 부문을 대표하는 다양한 인재들이 정치에 참여하는 것이 바람직하다. 정당의 공천 과정에서 사회적 약자들을 포함한 다양한 집단이 고르게 포진해야 한다는 말이다.

현재 우리나라 국회의원의 출신 배경을 보면 대체로 특정 집단에 편중되어 있다. 18대 국회를 예로 들면, 법조인, 정당인, 공무원, 언론인, 교수 교사 출신 국회의원의 비율이 전체의 70.7퍼센트에 달한다. 19대의 경우는 국회의원 300명 중 변호사, 의사, 교수 등을 겸직하겠다고 신고한 의원만 94명이나 된다. 30퍼센트가 '투잡'을 하겠다고 밝힌 것이다.

물론 일부 직업의 특성상 정치활동과 가까울 수도 있다. 그렇다고 국회의원이 몇몇 집단들의 전유물이 된다면 비판을 받을 수밖에 없다. 정당의 입장에서야 선거승리를 위해 인물경쟁력을 먼저 고려해야 할 것이다. 사회적 약자들은 소위 잘 나가는 이들과 동등한 수준에서 경쟁하기 어렵다. 그래서 제도적인 차원의 배려가 필요한 것이다.

한 선거구에서 한 명을 선출하는 지역구 선거는 명망 있고 재력 있는 후보자가 절대적으로 유리하다. 즉, 지역구 선거에서 사회적 약자가 스스로 노력으로 당선되기를 기대하기는 매우 어렵다. 그러나 정당 명부의 비례대표는 사회적 약자, 소수 세력을 얼마든지 더 충원할 수 있다.

정치는 국민에게 희망을 줘야 한다. 다양한 국민의 삶을 아우르고 지역과 세대와 계층이 조화를 이루는 정치생태계가 바로 그 희망이다. 너와 나, 그리고 우리의 작은 꿈들이 수평적으로 상향식으로 촘촘히 생태계를 짜는 그림은 생각만으로도 가슴을 뛰게 한다. 이것이 바로 디지털 융복합 시대가 우리에게 내린 선물이 아닐까?

자본주의 5.0!
모든 길은 생태계로 통한다

자본주의는 진화해야 한다!

페이스북의 창업자 마크 주커버그는 최근까지도 작은 아파트에서 매트리스 한 장을 깔고 살았다. 심지어 집에서는 초고속 통신망도 없이 전화 접속 인터넷을 사용했다고 한다. 자동차도 보통 사람들이 애용하는 아큐라를 몰았다. 2011년에는 뉴어크시의 공립학교들을 돕기 위해 1억 달러를 선뜻 기부하기도 했다.

주커버그와 함께 페이스북을 창업한 더스틴 모스코비츠도 만만치 않다. 그는 현재 샌프란시스코의 허름한 콘도에서 산다. 새로 시작한 회사인 아사나로 출근할 때는 차를 버려두고 자전거를 이용한다. 그는 자신이 평생 쌓게 될 부를 모두 사회에 환원할 것이라고 공언한다. 실제로 이미 많은 돈을 자선단체에 기부했다.

"저는 비싼 물건들을 소유하고 그런 것들에 둘러싸인 제 모습을 상상해봤습니다. 그리고 그런 것들이 제 인생을 의미 있게 만드는 데 아무런 도움이 되지 않는다는 결론을 내렸습니다."

모스코비츠의 말이다. 페이스북의 공동창업자들뿐만이 아니다. 실리콘밸리의 많은 젊은 기업가들이 비슷한 생각과 가치관을 따르고 있다. 그렇다고 그들이 사회적 지위에 관심이 없는 것은 아니다. 과거와는 다른 방식으로 사회적 지위를 찾는 것이다. 부를 움켜쥐고 있는 것보다 인큐베이터에 펀드를 주거나 세계 각국의 사회문제를 해결하는 일에 더욱 높은 가치를 부여한다.

국적을 떠나 젊은 기업가들의 이런 사고방식은 자본주의의 진화가 어떤 방향으로 향하는지 잘 보여주고 있다. 인류 경제사에 자본주의가 등장한 이후 이 제도는 꾸준히 진화해왔다. 사회는 살아 있는 생물과도 같다. 끊임없이 생각, 지역, 나이, 포지션이 다른 그룹과 소통해야 한다. 그래야 합의점을 찾을 수 있고 그래야 발전하고 상생할 수 있다. 그럼 지금부터 디지털 융복합 시대가 요구하는 자본주의의 모습에 대해 알아보자.

영국 타임스지의 칼럼니스트 아나톨 칼레츠키는 자본주의 진화의 적으로 '사실과 다른 정치 선전' '경제학의 오만한 자기과신'을 꼽는다. 그는 "시장근본주의자가 마르크스보다 더 큰 위협"이라고 말한다. 동시에 정부가 모든 것을 해결해 줄 것이라는 좌파의 주장도 비판한다. 자본주의는 정

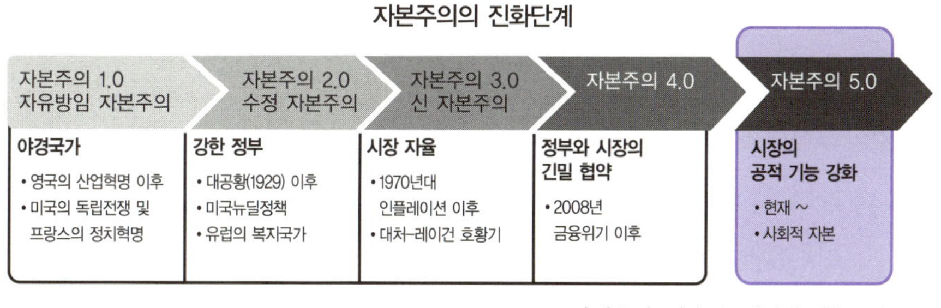

– 칼레츠키, 곽승준, 김기찬 외(2012)

치와 경제세력, 정부와 시장의 역할관계에 따라 새로운 버전으로 진화한다.

'보이지 않는 손'으로 요약되는 신고전학파의 '시장 만능 자본주의(자본주의 1.0)'는 1920년대 말 미국발 대공황을 극복할 수 있는 대안이 준비되어 있지 않았다. 하지만 이후 정부가 시장에 적극 개입하고, 직접 고용과 경기부양을 챙기는 소위 케인스학파의 '수정자본주의(자본주의 2.0)'로 빠르게 진화했다. 당시 이러한 변화를 빠르게 수용한 나라는 자본주의를 유지하고 발전시킬 수 있었지만 그렇지 못한 국가 중 일부는 체제가 전복되는 뼈아픈 경험을 하게 된다.

1960~1980년대 자본주의와 공산주의는 미국과 소련의 양극을 중심으로 치열한 체제경쟁을 펼쳤다. 자본주의는 시장의 자율성으로 기업의 이윤추구를 보장해 파이를 키우는 '자유자본주의(자본주의 3.0)'를 내세웠다. 공산주의는 소유와 이익의 공유를 내세우는 사회주의로 맞서며 선명성 경쟁을 했다. 그런데 체제경쟁은 자본주의의 일방적인 승리로 끝났다.

그 이후 자본주의는 또 한 번 진화한다. 외부의 경쟁 상대가 없어지면서 승자독식, 부익부 빈익빈, 시장경쟁의 탈락자 문제 등이 자본주의의 생존과 발전을 위협하는 중요한 과제로 떠올랐기 때문이다. 선진 자본주의는 경제주체들이 이윤 추구만 하는 것이 아니라 사회공동체의 일원으로서 나눔과 배려를 실천하는 소위 '따뜻한 자본주의(자본주의 4.0)'로 진화한다.

'버핏세'는 따뜻한 자본주의가 어떤 것인지 잘 보여주는 사례다. 세금 이름에 세계적인 부자 중 한 사람의 이름이 붙었다는 것은 많은 시사점이 있다. 워런 버핏은 미국 최대의 헤지펀드를 소유한 인물이다. 그는 국가 경제 위기를 맞아 자본가들이 솔선수범해 위로부터 사회를 통합하고 부자들이 노블레스 오블리주를 몸소 실천하자고 외쳤다. 그 일환이 바로 부자증세다.

자본주의 4.0시대는 '다 같이 행복한 성장'을 추구한다. 고용 없는 성장, 비정규직 증가 등을 자연스러운 현상으로 받아들여선 안 된다. 일해도 먹고 살 수 없는 신빈곤층의 증가도 내버려둘 수 없다. 경제의 뿌리인 빈곤층이 일을 통해서 빈곤으로부터 탈출할 수 있게 해야 희망이 있는 사회다.

또한 기업과 국가의 일방적인 성장을 위해서 중산층만 희생시켜서도 안 된다. 국가 경제의 허리 역할을 하는 중산층이 빈곤층으로 떨어질까봐 전전긍긍하는 사회는 미래가 없다. 중산층이 경제에 소비 여력을 제공하고 양질의 노동력을 공급해 주어야만 지속 가능한 사회가 되기 때문이다.

"자본주의 2.0시대에는 정부가 언제나 옳고, 3.0시대에는 시장이 언제나 옳다고 믿었다. 그러나 우리는 이제 정부나 시장이나 모두 실수할 수 있다는 걸 알게 됐다. 세상에 완벽한 시장이나 완벽한 정부는 없다. 경제와 정치 메커니즘은 이런 심각한 실수를 막고 조직과 정치 시스템이 수시로 변화할 수 있도록 해야 한다."

칼레츠키는 자본주의 4.0시대에는 시장과 정부가 효율적인 상호작용을 하는 게 중요하다고 지적한다. 물론 4.0 이전에도 상호작용은 있었다. 그런데 자본주의 4.0은 정부의 적극적 역할을 강조했던 자본주의 2.0과 달리 기업의 '사회적 책임'을 중시하는 뉴 패러다임이다. 이윤과 성장을 추구하는 시장의 원리를 중시하면서도 사회 유기체 모두의 건강한 발전을 도모하는 것이다.

경제 집중화, 양극화, 청년실업 등으로 국내 자본주의는 큰 위기를 맞고 있다. 이제는 따뜻한 자본주의를 넘어 공생 발전과 시장의 공익적 기능을 더욱 강조하는 '자본주의 5.0' 시대로 전환해야 자본주의 시장경제를 지킬 수 있다.

시장보다 강한 정부는 없다. 특히 한국에서는 민간부문과 정부 간의 힘의 균형이 깨진 지 오래다. 따라서 민간부문의 공익적 기능 없이는 시장경제가 일으키는 내부의 사회경제적 문제를 해결할 수 없다. 자본주의 5.0으로의 진화는 한국의 자본주의와 시장경제를 지키기 위한 필수조건이다.

경제민주화는
'자본주의 5.0'의 또 다른 이름이다

2012년 대통령선거를 앞둔 요즘 정치권에서는 경제민주화가 화두다. 대선 주자들은 공정하고 투명한 시장경제를 확립하겠다고 공언한다. 여야 정당들도 이른바 '경제 민주 화법'을 다퉈 내놓으며 측면 지원에 나섰다. 헌법 119조 2항은 균형 있는 경제 성장, 적정한 소득분배, 시장 지배력 남용 방지, 경제주체 간의 조화 등을 담고 있다. 그렇다면 현실에서는 어떻게 실현해야 할까?

경제민주화 목소리가 높다는 것은 현재 우리나라의 자본주의 시장경제에 문제가 많다는 뜻이다. 하지만 정치권의 경제민주화 논의는 진정성이 부족해 보인다. 우리 사회에 만연한 상대적 박탈감을 자극해 표를 얻겠다는 계산이 엿보이기 때문이다. 그렇다면 경제민주화에 대한 서민의 속마음은 어떨까? 마침 연령대별로 현장의 목소리를 들어보는 기사가 눈에 밟혔다(노컷뉴스 연속기획 '현장에서 듣다—서민이 바라는 경제민주화', 2012년 8월 10일 자).

사업실패 후 가전제품 수리로 하루하루를 때우는 장충기 씨(55세)는 "말발이나 있고 배운 게 있는 사람들이야 한마디 한다지만, 우리 같이 배우지 못한 사람들은 무슨 말을 할 수가 있겠느냐"고 토로했다. 그런 장씨에게 경제민주화란 인생 2막의 일자리를 허락받는 것이다.

일자리 찾기에 허덕이기는 인생 1막을 여는 20대도 마찬가지다. 대학 졸업반 이승훈 씨(26세)는 "일할 기회를 달라"며 "허울뿐인 경제만 운운하는 정치인은 없어져야 한다"고 목소리를 높였다.

또 카센터 사장 김민정 씨(44세)에게 경제민주화란 '대기업의 골목상권 진입 규제'이고, 비정규직 박 모 씨(31세)에겐 '해고 걱정 없이 노력한 만큼 대우를 받는 것'이다.

안진걸 참여연대 민생희망팀장은 "정치권을 중심으로 경제민주화 논의 자체가 이뤄지는 것은 반가운 일"이라면서도 "지금부터는 중소기업과 중소상인 살리기, 일자리 늘리기, 소비자 기만행위 방지 등에 초점을 맞춰 국민의 삶이 실제로 개선되고 행복해지는 그런 경제민주화 논의가 진행되어야 한다"고 강조했다.

위 기사에서 20대와 50대는 일자리 창출을, 30대는 비정규직 처우 개선을, 40대는 대기업 프랜차이즈의 골목 진출 규제를 주문했다. 그들에게 경제민주화란 '계단을 놓는 일'이다. 계단을 오르면 오를수록 층이 높아지듯이 열심히 일하고 노력하면 그만큼 대우를 받을 수 있기를 원한다. 거꾸로 보면 현재 대한민국에서는 그게 잘 안 된다는 의미이기도 하다.

정부의 책임도 있다. 2006년 노무현 정부는 중소기업 고유업종을 폐지해 대기업의 영토확장을 가능케 했다. 또 2008년 이명박 정부는 대기업 감세로 승자를 위한 정부라는 각인을 국민에게 심어주었다.

성장론자들은 '낙수 효과trickle down effect'를 이야기했다. 넘쳐흐르는 물이 바닥을 적시듯이 대기업과 부유층의 부를 늘려주면 중소기업과 서민에게 혜택이 돌아간다는 것이다. 문제는 물이 흐를 수 있는 인프라가 미비하다는 점이다. 넘쳐흐르는 부가 일자리를 창출하고 비정규직 문제를 해결하며 중소기업과 자영업자를 북돋우는 방향으로 흐를 수 있는 구조가 만들어지지 않았다는 것이다. 그러니 정부가 할 수 있는 일도 제한적일 수밖에 없다. 즉 성장의 열매가 골고루 퍼져 나갈 경제 사회 구조를 만들지 못한 상황에서의 성장은 국가 경제 목표가 될 수 없다.

오늘날 시장경제와 자본주의의 근간은 민간 기업이다. 민간 기업이 국민경제에서 차지하는 비중은 매우 크다. 상대적으로 정부의 비중은 빠른 속도로 줄어들고 있다. 지금 대한민국은 나라의 돈과 인재가 온통 대기업에 몰려 있다. 우리나라만큼 대기업이 센 나라가 없다. 2012년 기준으로 정부 예산은 325조 원이다. 이 가운데 경직성 예산을 빼면 운용할 수 있는 돈은 5~10조 원에 불과하다. 굴지의 대기업이 한 분기에 벌어들이는 영업이익 수준이다. 그만큼 대기업의 힘이 세졌다는 뜻이다.

하지만 우리나라 대기업은 편법상속과 탈세를 일삼고 계열사에 일거리를 몰아주는 등 그 힘을 남용하는 모습을 자주 보여줬다. 문어발 확장으로 골목상권을 짓밟는 것도 하루 이틀 일이 아니다. 근래 들어서는 쌓아 놓은 부를 미끼로 정부기관, 언론매체, 사법부를 길들이려는 인상도 지울 수 없다.

대기업이 경영을 투명하게 하고 세금을 제대로 내며 일자리를 많이 창출한다면 마땅히 영웅취급 해줘야 한다. 하지만 지금처럼 기득권을 지키는 데만 급급하다면 비판을 피할 방법이 없다. '승자독식의 정글사회'로 가면 시장경제가 흔들리고 자본주의가 유지될 수 없기 때문이다.

민간 기업도 사회 공동체 안에서 자사의 존속 여부가 결정된다. 이제 대기업은 커진 힘으로 사회적 역할을 해야 한다. 이윤을 추구하여 높은 수익을 내는 것도 중요하다. 하지만 공공의 이익에 이바지해야 한다는 사회적 책임도 가벼이 여길 수 없게 됐다. 최근의 경제민주화 논의는 대기업의 공익적 기능을 촉구하는 목소리다. 좋은 일을 통해 소비자에게 다가가는 것이 시장경제를 살리고 자본주의를 업그레이드하는 길이다. 그것이 바로 진화된 자본주의 5.0이다.

요즘 마이크로 소프트 창업자인 빌 게이츠는 KIPP(Knowledge Is Power Program)를 통해 미국 공교육의 질을 높이는 데 이바지하고 있다. 학교 교사들에게 투자해 교육의 수준을 높임으로써 미국 사회에 공헌하려는 취지다. 버핏세로 대변되는 부자증세도 같은 취지로 볼 수 있다.

반면 우리나라 대기업들은 줄기차게 감세를 주장하고 있다. 시장경제에서 탈락한 사람들에게 사회안전망을 제공하고 후세에게 공정한 기회를 주기 위해 교육부문에 투자하는 일을 외면하는 것이나 마찬가지다. 양극화와 청년실업 등으로 자본주의가 위기를 맞는 시점이다. 대기업도 공익적 기능을 높이는 방향으로 발상의 전환이 필요하다.

현시점에서 우리나라 대기업에 최선의 사회공헌은 중견기업, 중소기업, 일인창조기업 등과 공생 발전을 위한 산업 생태계를 구성해 일자리 창출의 핵심역할을 하는 것이다. 일자리는 최선의 복지이고 최선의 기부다. 이렇게 될 때 우리 사회가 최근 회자하고 있는 나눔과 상생의 공정사회로 나가지 않을까. 특히 국민에게 존경받는 대기업이 되지 않을까.

기업이 무슨 자선단체냐고?
워런 버핏에게 물어봐

"부자들은 스스로 땀 흘려 번 '자신의 돈'이기 때문에 재산을 고스란히 간직할 자격이 있다고 생각합니다. 하지만 그들은 자신들이 부유하게 살 수 있도록 해준 공공투자의 혜택은 고려하지 않습니다. 나는 우연히 자본을 적절하게 배정해서 투자하는 능력을 갖추고 있습니다.

그러나 그런 능력을 활용할 수 있느냐의 여부는 전적으로 내가 태어난 사회에 달렸지요. 만약 내가 사냥으로 먹고사는 부족에서 태어났다면 이런 능력은 전혀 쓸모가 없었을 겁니다. 더구나 나는 빨리 달리지도 못하는데다 몸도 튼튼하지 못하기 때문에 야생동물의 먹잇감이나 되었겠죠."

지난 2008년 워런 버핏이 오바마 당시 미국 대통령 후보와 나눈 이야기 중 한 토막이다. 오늘날 자본주의 사회에서 기업의 사회적 책임이 왜 중요한지를 비유적인 표현으로 밝힌 것이다. 그는 공공투자의 혜택을 거론하며 기업이 나눔, 배려, 기부에 더욱 적극 나서야 한다고 강조했다.

2008년 글로벌 경제위기를 계기로 소비자와 투자자들의 신뢰를 얻기 위해 기업의 사회적 책임이 한층 중요해졌다. 하지만 국제사회에서 한국 기업들의 '사회책임경영'에 대한 평가는 아주 낮다.

오스트리아 빈대학의 마르틴 노이라이터 교수는 사회책임경영의 국제표준인 ISO 26000 개발 과정에서 주도적 역할을 한 인물이다. 그는 "한국 대기업들의 낮은 사회책임경영 수준이 크게 나아지지 않았다"며 "사회책임경영을 제대로 하는 시점이 늦어질수록 기업 이미지와 평판은 더 크게 훼손되고 비용부담이 늘어날 것"이라고 경고했다.

노이라이터 교수는 이어 "한국 대기업들은 사회책임을 제대로 이행하지 않아도 당장은 괜찮다고 생각하지만 5년 뒤에는 위험이 가시화할 것"이라고 지적했다. 잠재적 위험을 간과하는 것은 좀 더 멀리 내다보지 못하기 때문이다. 예컨대 현재 유럽 소비자들은 한국 기업들이 만든 제품을 많이 구매하고 있지만 사회책임경영에 대해서는 모른다. 하지만 알게 되는 순간 소비자들의 구매에 나쁜 영향을 끼칠 수도 있다.

2009년 1월 스위스 다보스에서 열린 세계 경제 포럼 회의장. 빌 게이츠 마이크로소프트 창립자가 연단에 오르자 전 세계의 이목이 쏠렸다. '21세기 자본주의의 새로운 접근'이라는 제목으로 그가 행한 연설은 자본주의의 변화가 어디로 향하고 있는지 알려준다.

"자본주의의 방향이 부유한 사람들뿐만 아니라 가난한 사람들을 위해서도 이바지하는 방안을 찾아야 합니다. 하루 1달러 미만의 생계비로 살아가는 전 세계 10억 빈민을 도울 수 있는 창조적 자본주의의 길을 함께 모색합시다. 기업들이 가난한 사람들을 위한 제품과 서비스를 만드는 데 중점을 두는 사업을 창출해야 합니다. 이런 시스템은 수익을 올리면서도 시장의 힘으로부터 충분한 혜택을 받지 못하는 사람들의 삶을 개선하는 두 가지 사명을 가져야 합니다.”

빌 게이츠는 이윤과 효율의 극대화를 중시하는 ‘신자유주의적 자본주의’에서 경쟁과 자선을 동시에 지향하는 ‘창조적 자본주의’로 방향 전환을 모색한 것이다. 물론 이러한 접근에 대해 비즈니스는 어디까지나 비즈니스일 뿐이라는 회의적인 시각이 없는 것은 아니다. 사실 마이크로소프트 역시 독점법 위반으로 법정에 서기도 했다. 그러나 새로운 자본주의에 대한 요구가 시대의 흐름이라는 사실은 변함이 없다.

이에 따라 과거 이윤 추구에만 매달리던 다국적기업들이 다퉈 사회적 책임과 공헌에 팔을 걷어붙이고 있다. 빌 게이츠는 이미 자신의 재산 대부분을 멜린다 게이츠 재단에 기부하고 부인과 함께 자선사업에 전념하고 있다. 프랑스 최고의 낙농 회사 다농은 마이크로 크레디트의 대부인 유누스 총재와 함께 방글라데시에 요구르트 회사를 설립했다. 가난한 농민들에게 일사리를 주고 수익 일부를 나누려는 것이다.

기업들이 이렇게 사회문제 해결에 나서려는 이유는 살아남기 위함이다. 사회적 책임과 공헌에 관심을 보이지 않으면 소비자들의 신뢰를 얻을 수 없고 언제든지 시장에서 퇴출당할 수 있기 때문이다.

탐스슈즈는 소비가 곧 기부로 이어질 수 있다는 것을 보여준 회사다. ‘고객이 한 켤레의 신발을 구매할 때마다 저개발 국가의 아이들에게 한 켤레의 신발을 준다’는 독특한 철학으로 소비자에게 감동을 줬다. 탐스슈즈는 2006년에 설립해 2009년 4월까지 약 14만 켤레의 신발을 기부했다. 최근에는 발이 코끼리 발처럼 붓는 상피병 발병지역을 집중적으로 지원하고 있다. 국내에도 상륙해 지난 2010년에는 최고의 히트 브랜드로 떠오르기도 했다.

탐스슈즈는 우연한 계기로 출발했다. CEO이자 디자이너인 블레이크 마이코스키는 아르헨티나를 여행하던 중에 가난한 현지의 아이들에게 신발을 나눠주고 있던 자원봉사자들을 만난다. 저개발국의 주요 전염병은 흙 속 기생충에 의해 전염된다. 따라서 발에 상처가 나면 감염 위험이 크다. 일부 토양에서는 발이 거대하게 기형화되는 병에도 걸린다. 신발은 이런 질병을 예방하고 먼 길을 걸어 학교에 갈 수 있게 해주는 구호품이었던 것이다.

그는 신발을 받고 너무나 행복해하는 아이들을 보면서 자신도 이런 아이들을 돕고 싶다고 생각했다. 그는 누군가 신발을 보내주지 않으면 바로 중단될 수밖에 없는, 지속 가능성이 취약한 시스템을 어떻게 개선할까 고민하다 아주 기발한 방법을 고안했다. 이른바 '일대일 기부' 방식을 생각해낸 것이다.

마이코스키는 미국으로 돌아가 신발 한 켤레를 팔 때마다 한 켤레를 기부하는 시스템을 가진 신발 제조회사를 차린다. 그게 바로 '내일을 위한 신발Shoes for Tomorrow'이라는 뜻을 가진 '탐스슈즈'다. 처음 그의 계획을 들은 주변 사람들의 반응은 '미친 것 아니냐?'였다. 하지만 때마침 공정무역과 착한 소비 등과 같이 이른바 '의미 있는 소비'에 대중적 관심이 높아지면서 탐스슈즈의 인기는 순식간에 전 세계로 퍼져 나갔다.

그가 창안한 시스템은 단순한 발상의 전환을 넘어 경이로운 면이 있다. 우선 회사의 취지와 기부활동에 대해 누구라도 쉽게 알 수 있도록 모든 과정을 투명하게 진행함으로써 소비자들의 신뢰를 얻었다. 한편으로는 광고비를 전혀 쓰지 않는 희한한 마케팅을 구사했다. 광고는 소비자들이 직접 했다. 탐스 신발을 구매한 고객들이 자발적으로 '신발 한 켤레 구매했을 뿐인데 가난한 나라 어린이를 돕게 됐다'는 경험을 퍼뜨리는 전파자가 된 것이다.

그는 연간 220일 정도 출장을 다닌다. 구매자를 만나는 게 아니라 강연을 하기 위해서다. 창업자가 직접 창업의 스토리를 들려주려고 전 세계를 돌아다니는 것이다. 이런 아날로그 방식으로 수천억 원의 광고비를 지출하는 신발 회사들과 경쟁하다니 더욱 놀랍다.

탐스슈즈 제품은 사실 그렇게 훌륭한 디자인도 아니며 좋은 기능이 있지도 않다. 단지 누구나 공감할 수 있는 뜻과 함께 안전하고 튼튼한 소재로 만들었다는 점이 소비자의 지갑을 열게 하고 있다. 자본주의 5.0시대에 소비자를 움직이려면 무엇이 필요한지를 잘 말해주는 사례다.

반면 사회적 책임과 신뢰를 강조하면서도 실상은 그렇지 않은 기업은 결국 들통이 나서 도태되게 마련이다. 그런 의미에서 2010년 도요타의 대규모 리콜 사태는 많은 교훈을 가져다준다. 엄격한 품질 관리와 뛰어난 안전성으로 소비자들의 신뢰를 받아 세계 최고의 자동차 메이커로 명성이 자자하던 도요타가 대규모 리콜로 전사적 위기에 봉착한 이유는 무엇일까?

단지 제품의 결함 때문일까?

결함보다 더 큰 문제는 불량 사실 은폐와 부적절한 위기 대응자세에 있었다. 수많은 시정요청이 들어왔다는 사실이 언론에 공개된 다음에야 공개 리콜에 들어갔다. 회장이 직접 결함을 인정했음에도 불구하고 소비자들은 도요타를 비난했고 기업의 명성은 끝없이 추락했다. 직접 차를 산 고객만이 아니라 전 세계가 신뢰할 수 없는 도요타에 등을 돌린 것이다.

2007년 미국 의류업체 갭은 그들에게 의류를 납품하는 인도 하청업자의 또 다른 하청업자, 즉 2차 아래도급업체가 어린이들을 고용해 제품을 만든 사실이 현지 NGO에 의해 폭로되면서 한 달 매출이 25퍼센트나 떨어지는 일을 겪게 된다. 갭 본사로서는 억울할 수도 있겠지만 아래도급업체까지 모두 챙겨 인권이나 노동권 침해 요소가 없는지, 환경오염 소지가 없는지 본사가 책임져야 한다.

대만계 중국 기업인 폭스콘의 사례를 보자. 12시간 넘는 장시간 노동과 열악한 작업조건이 노동자들의 집단자살을 낳았다. 폭스콘으로부터 부품을 공급받는 애플이 노동시간 단축과 작업조건 개선 등을 요구했다. 부품사가 사회적으로 문제를 일으키는 걸 용납하지 않는 것이다.

기업에서 사회책임경영은 더는 선택의 문제가 아니라 지속 가능한 발전을 위해 꼭 갖춰야 할 필수 덕목이다. 이제 눈앞의 이익만 챙기고 사회적 책임을 외면하는 기업은 더는 미래를 보장받을 수 없다. 사회책임경영은 이미지를 개선하려는 쇼가 아니라 기업의 경쟁력을 높이는 핵심 가치로 추진해야 한다. 자본주의 5.0시대에는 사회적 책임을 다하면서 소비자의 신뢰를 쌓아나가는 기업만이 살아남는다는 말이다.

기득권 경제냐,
생태계 경제냐

2012년 봄 실리콘밸리를 방문했을 때다. 세계적인 기업의 임직원들과 인사를 나누고 IT산업의 미래에 대해 많은 이야기를 했다. 그런데 애플 직원들에게 받은 명함이 눈에 밟혔다. '에반젤리스트'라는 직책이 이채로웠다. 전도사? 복음을 전하는 사람? 무슨 종교단체도 아니고 기업체에 왜 에반젤리스트가 있을까?

기업에서 에반젤리스트는 자사 플랫폼으로 동반자들을 적극 끌어들이는 역할을 맡는다. 애플은 아이튠스로 음원제공자들을 끌어들이고 앱스토어로 게임개발자들을 끌어들인다. 이렇게 그들은 하드웨어, 소프트웨어, 디바이스, 콘텐츠가 융복합된 생태계를 만들었다. 새로운 자본주의의 모델을 창조한 것이다.

최근 들어 세계 경제가 다시 침체기를 겪으면서 현 경제체제에 대한 비판도 거세지고 있다. 우리나라에서도 양극화, 청년실업, 비정규직 문제가 대두하는 가운데 공존공생의 새로운 자본주의에 대한 요구가 높아지고 있다. 이와 함께 경제 집중화로 부를 쌓은 대기업에 대해 사회적 책임을 다하라는 목소리도 점차 커지는 추세다.

일반적으로 경제발전의 단계는 부존자원에 의존하는 요소투입 경제에서 정부가 개입하는 투자주도 경제를 거쳐 기업의 신제품·신기술 개발이 이뤄지는 혁신주도 경제로 이행한다. 부가 축적되면 기업이 기득권에 안주하는 경향이 나타난다. 하버드대학의 마이클 포터 교수는 그것을 '부富 주도 경제'라고 부른다. 부 주도 경제에서 기득권을 가진 사람들은 위험을 감수하고 새로운 산업에 투자하는 걸 꺼리게 된다. 대신 정부와 언론 등에 영향력을 행사하는 등 막강한 부를 토대로 비생산적인 활동에 빠진다. 오늘날 한국경제의 문제도 여기서 비롯된다. 민간부문에서 기득권을 유지하는 데 급급해 경제가 활력을 잃어가고 있는 것이다.

우리나라 대기업은 국민의 저렴한 노동력과 정부의 인프라 투자에 힘입어 빠른 속도로 성장했다. 이제 새로운 자본주의를 선도하는 모습을 보여줘야 할 차례다. 새로운 자본주의는 경제 질서에 속한 모든 주체가 서로 보완하면서 경쟁하는 것이 원칙이다. 협력적 경쟁을 통해 함께 먹고 살자는 말이다. 이것이 바로 '부富 주도 경제'의 대척점에 서 있는 '산업생태계 주도 경제'다.

호수에는 한 종류의 생물만 살아서는 안 된다. 거북이도 있어야 하지만 미생물도 있고 녹색식물도 있고 소금쟁이도 있고 개구리도 있어야 한다. 다양한 동식물이 생태계를 이뤄야 호수가 숨을 쉰다. 시장경제도 마찬가지다. 경제구성원 중 하나가 힘이 세다고 몽땅 먹어 치우고 나면 나중에는 먹을 것 자체가 사라진다. 민간부문의 공익적 기능을 강화해 산업생태계로 나아가야 하는 이유다.

민간의 공익적 기능 강화가 자본주의 5.0의 핵심원리라면 산업생태계 주도 경제는 그 방향이다. 산업생태계는 다양한 기업들이 유기체처럼 상호 작용하며 진화하는 곳이다. 고객, 제품 및 서비스 공급자, 유통업체, 아웃소싱 기업, 기술제공 회사 등의 유연한 네트워크다. 오늘날 지구촌에서는 애플, 구글, 페이스북 등 스마트 IT 시대를 이끄는 기업들이 산업생태계의 아이콘으로 떠오르고 있다.

산업생태계의 시각에서 보자면 구글은 매우 건강한 생태계를 이뤄 냈다. 구글은 크롬과 안드로이드라는 운영체제 플랫폼을 제공하고, 애플리케이션 기업들은 플랫폼 안에서 자신들의 서비스를 고객에게 판매하며 먹고산다. 플랫폼은 하나의 상설시장과 같다. 구매자로 바글거리는 상설시장은 광고도 잘 먹힌다. 광고주들은 상설시장에 비용을 지급하고 광고를 게재해 또 다른 시장을 창출할 수 있다.

애플 아이폰도 전화 단말기를 잘 만들어서 성공한 것이 아니다. 애플리케이션을 살 수 있는 앱스토어 플랫폼을 통해 산업생태계를 구축함으로써 소비자의 지속적 흥미를 유도해 낸 것이 먹혔다. 어떤 기업도 모든 부문에서 만능은 될 수 없다. 부족한 부분을 채워줄 공동 사업자를 만나 원활하게 협력관계를 구축할 수 있다면 경쟁력을 높이는 데 도움이 될 것이 불을 보듯 뻔하다.

다른 업체들이 MP3플레이어라는 기계 판매에 열을 올리며 암묵적인 저작권 침해에 대한 불만을 낳고 있을 때 애플은 달랐다. 곡당 99센트라는 저렴한 가격에 합법적인 음원을 소유할 수 있게 하는 아이튠스 서비스를 내놨다. 콘텐츠 공급자인 가수, 음반업체 등과 서로 시너지를 창출하며 수익을 나눌 수 있는 협력의 네트워크를 일궈낸 것이다. 수익을 공유하는 양보와 협력의 비즈니스모델이다.

익히 알려진 바대로 구글과 애플은 협력기업과 함께 성장했다. 산업생태계를 조성해 협력업체의 새로운 아이디어를 그들의 독창적인 경쟁력으로 승화시킨 것이다. 이는 다시 미국의 탄탄한 소프트웨어 생태계로 연결돼 나라 전체의 동반성장을 이끌고 있다. 이와 같은 비즈니스모델의 중심에는 플랫폼이 있다. 모든 사람이 개방성, 다양성, 포용성이 좋다고는 하나 이를 어떻게 풀어가야 하는지 몰랐다. 그것을 해결한 것이 플랫폼모델이다.

플랫폼이란 컴퓨터 시스템의 기반이 되는 하드웨어 또는 소프트웨어로 응용 프로그램이 실행될 수 있는 기초를 이루는 컴퓨터 시스템을 의미한다. 예를 들면 메인프레임은 내규모 데이터베이스를 구축하기 위한 플랫폼이고 MS-DOS, 윈도 ME, UNIX 등의 운영체계는 각종 응용 소프트웨어가 실행될 수 있는 플랫폼이다.

비즈니스에서 플랫폼은 거래를 만들어내는 곳이다. 관련 있는 수많은 그룹을 하나의 장場에 모아 새로운 시장을 형성한다. 기존의 기업이란 틀을 넘어서 산업생태계를 구축하는 일이다. 여기서는 개별기업의 판매이익을 극대화하기보다는 함께 생태계 전반의 성과를 창출하는 데 초점을 맞춘다.

그 과정에서 수많은 인터페이스가 생겨난다. 인터페이스는 관계 형성의 최소 단위로 생태계 조성의 출발점이다. 플랫폼이 시동을 걸려면 인터페이스가 일어날 확실한 이유가 있어야 한다. 바로 킬러 콘텐츠다. 킬러 콘텐츠는 플랫폼의 보이지 않는 엔진으로 아이폰의 전신인 아이팟에는 음원이 있었다.

나아가 플랫폼이 진화하기 위해서는 인터페이스를 번창시킬 요인도 필요하다. 세렌디피티serendipity, 즉 흥분과 재미가 필수다. 아이폰은 게임과 영상 등 보완재들이 발달하면서 사용자들에게 재미를 지속해서 제공했다. 플랫폼이 성공하려면 생태계 협력자들이 더 많은 보완재를 만들도록 지원해야 한다.

전통적 비즈니스 모델이 물건을 만들어 판매하는 단기적 수익모델이었다면, 플랫폼은 산업생태계를 만들어 함께 진화하는 중장기적인 전략이다. 배타적인 판매가 아니라 경쟁과 협력을 전략의 중심으로 삼는다. 노키아의 경우가 나 홀로 전략을 고수하며 플랫폼 전쟁에 대비하지 못해 실패한 대표적 예이다.

애플의 스마트 플랫폼이 지휘하는 산업생태계의 등장으로 디지털 시대 왕자인 노키아가 몰락하였다. 1998년 모토로라를 따돌린 후 세계 1위로 등극하여 몇 년간 왕좌를 유지했으나 아이폰 생태계에 밀려 전 세계 시장 점유율의 75퍼센트가 사라져버렸다. 하드웨어를 아무리 잘 만들어도 경쟁과 협력의 플랫폼 기반이 없으면 세계 일류의 자리를 지킬 수 없다는 걸

웅변하는 사례다.

결국 플랫폼 생태계의 핵심은 개방성이다. 중국의 예를 보자. 청나라는 건륭황제가 폐쇄국가 정책을 쓴 이후 몰락의 길로 접어들었다. 중국의 국운이 다시 융성해진 것은 덩샤오핑이 개혁개방을 했기 때문이다. 로마제국이 천년왕국이 될 수 있었던 비결도 다르지 않다. 다른 나라들이 성을 쌓을 때 로마는 길을 닦고 문호를 적극 개방했다.

스마트 IT 시대에는 애플이 손가락으로 움직이는 플랫폼을 만들고 이를 수많은 협력자에게 개방하여 성공을 거두고 있다. 협력자들에게 길을 열고 동기를 부여함으로써 생태계의 영역을 넓혀가는 것이 새로운 시대의 성공 비법이다. 우리 경제의 지속 가능한 성장과 미래 경쟁력도 '건강하고 개방적인 산업생태계'를 만들어낼 수 있느냐에 달려 있다.

지금 우리나라는 산업생태계가 구축되기는커녕 오히려 깨져가고 있다. 대기업, 중소기업, 1인 창조기업이 협력적 경쟁의 틀을 만들어야 한다. 대기업도 중소기업과 1인 창조기업을 먹잇감이 아니라 지적재산권을 가진 동반자로 여길 필요가 있다.

자본주의 5.0시대에는 개방적인 플랫폼으로 생태계를 일궈 함께 진화하는 전략이 곧 경쟁력이다. 세계 최고 기업이었던 노키아의 몰락에서 교훈을 얻어야 할 것이다. 성을 쌓으면 망하고 길을 열면 흥한다.

국민연금 주주권 행사가
건강한 산업생태계를 일군다

2011년 10월 내가 제기한 국민연금 주주권 행사 논의가 사회적 이슈로 떠올랐다. 그 무렵 저녁을 먹으러 부대고깃집에 들렀다가 나를 알아본 식당 아주머니로부터 뼈 있는 이야기를 들은 적이 있다.

"요즘 고생이 많지요? 고맙습니다. 내가 삼성과 현대의 주주란 사실을 지금까지 누구도 말해주지 않았는데 덕분에 알게 됐어요. 사실 국민연금 그거 돈도 없는데 강제로 걷으니까 내고 있었거든요. 국민연금 고갈이니 뭐니 말도 많고, 돈 아깝다 생각하고 있었는데 이제는 뿌듯하게 낼 수 있게 됐어요. 그런데 주주권 행사는 언제부터 하나요?"

그렇다. 국민은 모르고 있다. 가뜩이나 먹고 살기 어려운 판국에 나라에서 내라는 돈 다 내고 있지만, 자신에게 어떤 권리가 있는지, 경제가 어떻게 굴러가야 삶에 이로운지 알 길이 없다. 밥 먹는 내내 착잡하고 죄스러운 마음을 금할 수가 없었다.

2011년에 국민연금 주주권 행사를 공론화한 데는 나름의 소신이 있었다. 그것이 진정한 의미에서의 낙수 효과라고 믿었기 때문이다. 대기업과 중소기업이 공생하고 진화하는 산업생태계를 조성하는 데 이바지할 것으로 생각했다. 중장기적으로 나라 경제의 선순환을 위해 필수불가결하다고 봤다.

연기금 주주권 행사가 왜 필요한지 알려면 먼저 기업지배구조 발전 과정을 살펴봐야 한다. 19세기 후반까지는 창업가 자본주의 시대였다. 미국의 카네기, 록펠러, 벤더빌트 등이 대표적 창업가들이다. 우리나라는 자본주의의 시작을 1960년대로 보면 비교되는 인물들로 정주영과 이병철 등을 꼽을 수 있다. 창업가 자본주의 시대는 탁월한 사업능력으로 새로운 사업과 시장을 개척하는 일에 집중했던 시기였다.

그 세대가 지난 후 20세기 초반에는 서구 유럽 등에 전문경영인 자본주의 시대가 도래했다. 경영 효율성을 높이기 위해 몰방하는 시대였고 기업들은 단기 성과를 노리는 데 주력했다. 경영자들이 기득권 지키기에 급급해 모험적인 투자보다는 관료적으로 변해가기 시작했다. 관료적이라는 말이 변화하기 싫어한다는 말과 동의어로 쓰인다는 것은 의미심장하다.

경제학 교과서에도 '경영자 재량 가설'* '참호가설'** 같은 이론으로 경영인 자본주의를 비판하고 있다. 경영자가 회사, 주주, 국가의 이익 등을 극대화하기보다 자리보존이나 하면서 눈에 보이는 성과에만 매달린다는 것이다. 전문 경영자들이 단기 성과에만 집착하다 보니 중소기업과의 동반

*경영자 재량 가설: 소유와 경영이 분리된 현대 기업에서 경영자가 주주이익 극대화가 아닌 경영자 자신의 효용 극대화(경영자 지위 유지, 보수 증대)를 위해 행동한다는 이론.
**참호가설: 기업매수방어 노력의 동기가 주주들의 이익을 최대로 보호하기 위해서가 아니라 경영자 자신들의 직장을 잃지 않기 위한 이기적인 동기에 따른 것이라는 이론.

성장도 이뤄낼 수가 없다. 안목이 짧아서 먼 곳을 내다보지도 못하기 때문이다. 그저 실적만 많이 올려서 보너스만 두둑이 챙기면 된다. 그것이 몸에 배어 체질을 개선하기가 몹시 어렵게 되었다.

전문경영인 자본주의 다음에 오는 것이 공익적 기능의 펀드 자본주의이다. 자본주의 시장경제는 민간 기업이 마음껏 효율성을 발휘해 경쟁할 수 있도록 해왔다. 그 결과 민간기업의 몸집이 급속히 커졌지만, 상대적으로 정부는 과거보다 훨씬 작게 쪼그라들 수밖에 없었다. 대기업은 어떤 의미에서 정부보다 더 '파워풀'해져 정부, 언론, 사법기관 등에 영향을 미치는 힘을 가지게 되었다. 이와 동시에 사회갈능과 보순을 통합하고 해결하는 잠재력도 품고 있다. 즉, 그 쓰임에 따라 부정적일 수도 긍정적일 수도 있는 양날의 칼과 같은 것이다.

펀드는, 특히 공익적 기능을 가진 펀드는 혈액과 같은 역할을 해서 기업과 나라 경제의 노폐물을 걸러낸다. 공익에 입각한 견제와 감시를 통해 경영을 투명하게 만들기 때문이다. 또 미래지향적인 분야에 투자를 많이 하면 장기적으로 기업의 가치가 올라가고 나라 경제에 활력소가 생긴다. 그런데 우리나라는 아직 제대로 된 펀드 자본주의에 이르지 못한 것이 문제이다. 자본주의와 시장경제, 그리고 그 안에 뿌리박고 있는 우리 기업들도 이제 진화해야 할 때다.

그럼 여기서 OECD 기업지배구조 원칙을 잠깐 살펴보자. 첫째 주주의 권리, 둘째 주주의 동등대우(기관투자자의 주주권 행사 등), 셋째 이해관계자의 역할, 넷째 공시 및 경영 투명성, 다섯째 이사회의 책임 등이다. 그러나 우리나라는 아직 OECD 기업지배구조 기본원칙도 못 맞추고 있다. 제품과 기술도 세계 일류를 지향하고, 나라의 나라의 위상도 올라갔다지만 대기업의 지배구조는 여전히 전근대적이고 후진적 형태를 벗어나지 못하고 있다.

예컨대 OECD 기준에 따르면 재벌총수만이 주주가 아니라 소액주주와 공익적 기능을 가진 펀드 모두가 같은 주주다. 하지만 모든 의사결정은 기업총수 주주들이 독점하고 있다. 소액주주나 공익적 펀드가 주주로서 같은 권한도 행사하지 못하고 있는 것이 현실이다.

물론 장하준 케임브리지대학 교수 등은 소액주주가 배당의 극대화를 요구하여 기업발전을 저해하는 그룹이라고 주장하기도 한다. 그렇다면 주주들이 기업의 주식을 보유할 이유가 없다. 특히 공익적 펀드인 연기금도 장기적인 수익을 보고 주식에 투자해서는 안 된다. 결국, 주식시장 자체를 부정해 버리는 것이다. 실제로 한국의 소액주주와 언기금은 절대로 힘이 세지 않다. 앞서 언급했듯이 우리나라 국민은 자신이 주주로서 어떠한 권한을 가졌는지 제대로 인식하지 못해왔다. 충분히 홍보도 이뤄지지 않았다.

연기금 주주권 행사가 자칫 정부의 경영권 간섭과 관치경영으로 이어져 기업의 효율성을 저해할 수 있지 않을까 하는 우려도 물론 있다. 그러한 우려를 불식시키기 위해 2008년 8월 국민연금 산하에 있던 기금운용본부를 완전히 독립시키자는 법안을 국회에 의안으로 부쳐두었던 것이다. 그러나 4년이 지나도록 통과되지 못하고 있다.

그래서 한나라당 정책위원회가 낸 새로운 아이디어는 민간에서 투명하고 엄격한 기준에 따라 주주권 행사를 전담하는, 가칭 주주권행사위원회를 만들어 독립적으로 운영하자는 것이었다. 당 정책위에서는 조건부합의를 통해 이러한 형식의 독립기구를 만든다면 당도 반대할 이유가 전혀 없다는 태도를 밝혔지만 역시 진행상황이 지지부진하다.

연기금 주주권 행사의 목적은 기업 경영을 투명하게 하고 지배구조를 개선하는 것이다. 결과적으로는 기업 가치를 올리자는 데 있다. 미국, 영국, 독일, 프랑스, 네덜란드, 캐나다, 싱가포르 등 자본주의 시장경제를 채택하고 있는 수많은 나라에서 당연히 시행하는 제도다. 하지만 우리나라는 감감무소식이다.

삼성전자는 국민연금 지분이 이건희 회장의 2배를 넘는다. 하지만 전혀 주주로 대우받지 못하고 있다. KB금융은 1대 주주가 국민연금이고 2대 주주는 외국계 금융사인 ING다. 하지만 ING가 사외이사를 파견해 목소리를 높이는 데 반해 국민연금은 아무런 힘도 쓸 수 없다. 신한금융도 마찬가지다. 1대 주주는 국민연금이지만 2대 주주인 일본기업에만 고개를 숙인다. 굉장히 이상한 자본주의가 아닌가.

국내 대기업은 경영권 간섭을 우려해 국민연금의 주주권 행사를 마뜩잖아한다. 하지만 위에서 밝힌 것처럼 관치를 방지하는 장치만 마련된다면 오히려 기업의 가치를 중장기적으로 올릴 기회다. 실제로 외국에는 연기금이 주주권 행사를 통해 기업 가치를 올린 사례가 수도 없이 많다. 국민연금도 주총 의결권을 가지고 사외이사를 파견해 기업경영을 투명하게 만들 수 있다. 또 대기업, 중소기업, 소비자가 함께하는 산업생태계를 견인하는 데도 촉매 역할을 할 수 있다.

대기업 반발은 예상된다. 하지만 국민의 재산을 위탁받아 관리하는 국민연금은 선량한 관리자로서 연금의 가치 증식을 위해 주주권을 적극 행사할 의무가 있다. 이건 국가재정법과 상법에 하게 되어 있다. 국민연금은 국민이 낸 돈이다. 절대 고갈되어서는 안 된다. 주주권 행사로 기업가치를 올려서 1퍼센트만 국민에게 돌아오도록 하면 연금 고갈을 10년 늦춘다. 1.5~2퍼센트가 돌아오면 영원히 고갈이 안 된다.

중요한 것은 연기금 주주권행사로 국민경제에 돌아가야 할 파이를 찾아올 수 있다는 점이다. 기업가치가 올라가면 주가도 오르고 배당도 늘어난다. 이는 낙수 효과의 중요한 수단이기도 하다. 수출 대기업이 돈을 많이 벌면 사연히 주주에 대한 배당이 많아지고 주주인 연기금의 배당수익이 늘어나면 고스란히 국민에게 흘러들어 간다. 이런 인프라도 깔아놓지 않고 낙수 효과를 기대한다는 것은 감나무 밑에서 감 떨어지길 기다리는 것과 같다.

현재 우리나라 일류기업의 배당 중 많은 부분이 외국계 사모펀드로 흘러들어 가고 있다. 기업 입장에서는 외국계 사모펀드는 배당만 많이 주면 경영을 간섭하지 않으니 편할 수 있다. 이제는 국민에게 이익을 돌려줘야 한다. 우리나라 모든 가계의 돈이 집중된 펀드가 국민연금이다. 왜 국민에게 갈 몫까지 뺏어 그들에게 주느냐 말이다.

　국민연금 주주권 행사는 우리나라에 성숙한 공익적 펀드 자본주의의 꽃을 피우는 길이다. 정부는 기업의 이익을 더 크게 내서 그 배당을 국민에게 흘러들어 가게 할 수 있고, 기업은 투명경영과 산업생태계 조성을 통해 중장기적으로 가치를 올릴 수 있다. 둘이 서로 상충하지 않고, 얼마든지 '윈윈'할 수 있다.

장자의 우주를 향하여……
모든 길은 생태계로 통한다

공교롭게도 생태학을 일컫는 에콜로지ecology와 경제학을 뜻하는 이코노믹스economics는 같은 어원을 가지고 있다. 바로 그리스어 오이코스oikos다. 오이코스는 공적公的 영역으로서의 폴리스에 대비되는 사적私的 생활단위인 '집'을 의미한다. 예로부터 동양에서는 집이 단순한 거주지만을 의미하지 않고 우주를 지칭했다. 우주宇宙의 한자어 각각이 모두 집을 의미한다.

그래서 집을 짓는다는 것은 우주의 중심을 정하는 일이 된다. 특히 장자는 우주가 하나이며 만물은 유기적으로 연계되어 있다고 봤다. 우주, 그러니까 집안에서는 모든 존재가 동등한 가치로 조화롭게 협력한다는 것이다. 경제학적 개념인 산업생태계도 마찬가지다. 그것은 다양한 구성원들이 모여 협력적으로 경쟁하고 함께 진화하는 집을 만들고 우주로 확장하는 일이다.

스마트 IT 시대가 도래하며 비즈니스 환경은 기업 간의 경쟁이 아닌 생태계 간의 경쟁으로 빠르게 변화하고 있다. 생태계 안에서는 한쪽이 살고 다른 쪽이 죽는 살벌한 싸움이 아니라 협력, 경쟁, 진화의 변증법이 펼쳐진다. 바깥으로는 삼성생태계와 애플생태계가 경쟁하고 대덕밸리 생태계와 실리콘밸리 생태계가 맞선다.

생태계를 집으로 치면 대기업은 쐐기돌이다. 앞으로는 대기업도 똘똘한 중소기업, 1인 창조기업과 연계하여 강한 생태계를 구성하지 못하면 글로벌 경쟁에서 살아남을 수 없을 것이다. 주도기업으로서 협력사와 미래지향적인 네트워크를 형성하고 공정한 거래를 통해 성과를 공유할 사회적 책임이 있다.

그러나 크고 튼튼한 집을 지으려면 쐐기돌만 견고하게 지탱한다고 능사는 아니다. 쐐기돌을 포함해 집 전체를 받쳐주는 주춧돌이 제 역할을 해야 한다. 산업생태계 역시 중소기업과 1인 창조기업이 역량 있는 동반자로서 주춧돌 노릇을 해야 경쟁력이 생긴다. 창조적 혁신에 과감하고 윤리경영에 투철한 기업가정신이 필요하다.

그렇다면 우리나라 산업생태계의 현재 모습은 어떨까? 결론적으로 우리나라는 구글, 애플, MS 등과 같이 스마트 IT 시대를 선도하는 산업생태계에 비해 경쟁력이 매우 취약하다. 2011년 8월 크레딧 스위스 퍼스트 보스턴Credit Suisse의 분석에 의하면 삼성 스마트폰은 생태계의 핵심이라 할 수 있는 바다Bada 운영체제의 경쟁력이 최하위를 기록했다. 기기 판매량에서는 애플과 엇비슷하게 경쟁하고 있지만 아직도 갈 길이 멀다는 뜻이다.

우리나라 산업생태계의 경쟁력이 취약한 이유로는 하드웨어보다 소프트웨어 분야의 비중이 현저히 떨어진다는 점이 첫손에 꼽힌다. 우리나라의 소프트웨어 활용도는 통신 방송 산업을 제외하면 선진국의 1/3 수준에 불과하다. 그동안 메모리반도체, LCD패널 등 자본 집약적인 장치산업

에 대규모 선제투자를 한 덕분에 하드웨어는 경쟁력을 확보했지만, 소프트
웨어는 선진 산업생태계와 큰 차이를 보인다.

다음으로 대기업의 오픈 플랫폼이 중소기업의 다양한 제품과 서비
스를 묶어내지 못한다는 점도 IT 산업생태계가 취약한 중요한 이유다. 우리
나라는 MP3, 인터넷전화, SNS(싸이월드), IPTV, 모바일결제 등 세계 최초
의 제품들을 만들어냈다. 그러나 이를 하나로 묶어낼 비즈니스 모델이 자리
를 잡지 못했다. 우리나라 대기업은 그동안 '오픈' '공유' '참여' '감성' 등
건강한 생태계의 키워드와는 거리가 멀었다. 오히려 생태계의 포식자로서
경쟁의 규정을 무시하고 시장을 독점하려는 모습을 자주 보였다. 어찌 보면
대기업이 생태계 내 양극화를 가져오는 원인을 제공한 셈이다.

마지막으로 중소기업의 기술혁신 역량 부재도 빼놓을 수 없다. 많
은 중소기업이 수직적 아래도급구조 속에서 대기업이 던져주는 먹이에 의
존하고 있다. 기술혁신보다 원가절감 노력에 급급할 수밖에 없다. 진취적인
기업가정신의 실종도 한몫한다. 얼마 전부터 '피터 팬 기업'이라는 신조어
가 생겼다. 어른이 됐어도 어린아이로 남아 있고 싶어 하는 피터 팬처럼 중
견기업으로 가지 않고 중소기업에 머무르려는 회사를 말한다. 정부의 중소
기업 지원 혜택을 계속 받으면서 큰 기업에 적용되는 규제를 피하기 위해서
다. 이런 식으로는 산업생태계를 논한다는 게 어불성설이다.

"앱 생태계를 흥분시켜라!"

애플이 플랫폼을 만들며 내건 구호다. 그것은 '열린 혁신Open

innovation'의 마인드다. 기업이라는 틀을 넘어 생태계를 창조하는 전략이다. 열린 혁신의 좋은 예가 바로 오디션 프로그램 '슈퍼스타K'와 '위대한 탄생'이다. 무대를 매너리즘에 빠진 가수들이 독점한다면 국민은 싫증을 낼 것이다. '슈퍼스타K'와 '위대한 탄생'은 유명 기획사 위주의 닫힌 무대를 열린 생태계로 바꾸었다. 늘 그 나물에 그 밥인 무대에 전국 방방곡곡의 숨은 실력자들을 등장시켜 국민을 흥분시켰다.

참가자들은 서로 협력하고 경쟁하며 함께 진화해 나간다. 매주 1명씩 탈락할 때마다 따뜻한 배려와 위로를 아끼지 않는다. 그것은 자본주의 5.0시대에 산업생태계 주도 경제가 지향하는 모습과 다르지 않다.

생태계 경제에서 대기업은 포식자나 지배자의 습성부터 버릴 필요가 있다. 열린 플랫폼을 설계하고 협력자들을 흥분시키는 쐐기돌이 되어야 한다. 중소기업과 1인 창조기업도 매너리즘에 빠져서는 곤란하다. 혁신역량을 강화하고 틈새시장을 찾아내는 주춧돌이 되어야 한다. 정부도 손 놓고 있을 수 없다. 생태계의 촉진자로서 공정한 시장의 규정을 조성하고, 중소기업의 자생력을 뒷받침해야 한다. 또 연구 개발 및 인력양성 기반을 마련해야 할 것이다.

장자는 일체의 생물을 넘어 무생물까지도 차별하지 않는다. 산업생태계의 구성원들도 가족처럼 저마다 특별한 존재들이다. 이제 우리는 오래전에 떠나온 집으로 돌아가 집안의 모든 가족과 어울려 사는 법을 다시 배워야 한다. 대기업, 중소기업, 정부가 서로 신뢰하고 협력하는 생태계가 절

실하다. 바로 지금 여기가 생태적 메타포의 울림에 화답할 저마다의 소우주
다. 자본주의 5.0시대! 모든 길은 생태계로 통한다.

제5장

휴먼뉴딜,
사람에게 투자하는 나라

올림픽의 감동!
사람에게 투자해야 남는 장사다

4년에 한 번씩 돌아오는 올림픽. 2012년 런던올림픽에서도 대한민국은 인간승리의 드라마를 펼쳤다. 비인기 종목의 설움을 딛고 흔들림 없이 불패신화를 이어간 양궁, 멈춰버린 1초에 눈물 흘린 동료 대신 이를 악물고 선전을 편 펜싱, 온몸이 부상병동임에도 불굴의 투지로 매트를 평정한 유도, 그리고 비닐하우스에서 키운 꿈을 안고 런던에서 날아오른 체조까지 한순간도 눈을 뗄 수 없는 감동을 선사했다.

지구촌이 대한민국을 주목했다. 메달 색깔에 관계없이 한국선수들이 보여준 투혼과 열정은 전율을 느끼기에 부족함이 없었다. 두 눈 부릅뜨고 밤잠을 설쳐가며 응원한 국민 역시 긍지와 자부심에 피곤한 줄 몰랐다. 런던올림픽을 통해 다시 한 번 확인할 수 있었던 것은 한국인의 저력이다. 대한민국에서는 사람이 최고의 경쟁력이다. 세계 어디 내놔도 꿀릴 게 없다. 한국인은 이미 그 자체로 매력적인 브랜드가 됐다.

우리나라는 돈 되는 자원이 별로 없다. 석유는 한 방울도 나지 않고 최근 주목받고 있는 셰일가스*도 없다. 그렇다면 정부가 역점을 둬야 할 일

* 셰일가스shale gas: 모래와 진흙이 단단하게 굳어진 암석(셰일) 안에 갇혀 있는 가스. 최근 차세대 에너지원으로 주목받고 있다.

은 무엇일까? 정부예산이라고 해봐야 꼭 써야 하는 돈을 빼면 빡빡한데 어디다 써야 미래에 도움이 될까?

대한민국은 다른 거 없다. 사람에게 투자해야 남는 장사다. 나는 정부가 시장경제 경쟁에서 밀려나 몸살을 앓고 있는 사람에게로 향해야 한다고 생각한다. 비인기 종목을 끌어안고 부상선수를 치유해 올림픽 무대를 빛냈듯이, 경쟁에서 뒤처진 분야와 사람을 보듬어 나라에 새로운 활력을 불어넣어야 한다. 정직하게 땀 흘린 사람이 오심에 울지 않고 꿈을 이룰 수 있도록 시장경제 환경을 정비해야 한다. 승자독식의 정글이 아니라 함께 먹고사는 생태계가 목표다. 그래서 나는 이 사업을 '휴먼뉴딜'이라고 명명했다.

국민이 원하는 나라는 그저 부강하기만 한 나라일까? 2008년 촛불집회가 거세게 타올랐을 때 나는 거리로 나섰다. 촛불집회는 미국산 쇠고기 수입협상 내용에 대한 반대로 출발했다. 처음에는 참가자의 절반 이상이 여고생들이었다. 연예인 팬클럽을 중심으로 우리 오빠에게 그런 쇠고기를 먹일 수 없다고 목소리를 높였다.

정부로서는 정말 억울했다. 하지만 그들과 소통할 수 있는 사람이 없었다. 국민이 협상하라고 하면 아무리 답답해도 귀담아듣는 정성을 보였어야 했다. 국민에게 재협상은 없다고만 하고 한 달 반이 갔다. 결국 촛불집회는 걷잡을 수 없이 번졌고 그 바람에 청와대까지 불똥이 튀었다. 나를 비롯해 중도실용을 추구하던 참모들이 옷을 벗었고 이명박 정부는 세게 우향우를 했다. 실용적 개혁파는 항상 훈구파에 밀린다는 역사가 또 한 번 반복

되는 순간이었다.

결과적으로 내게는 그 뼈아픈 경험이 보약이었다. 소통은 귀를 기울이는 데서 출발한다. 거리에서 만난 국민의 뜨거운 열망! 그 한가운데서 대한민국이 나아갈 길을 찾았다. 국민이 최우선인 나라, 개개인이 행복을 꿈꾸고 미래의 희망을 품을 수 있는 나라, 시장경제의 실패를 치유하고 사람에게 투자하는 나라가 보였다. 이듬해 나는 대통령 직속 미래기획위원장으로 정책 일선에 복귀했다. 내게 주어진 과제는 그리 녹록하지 않았다.

빛과 그림자. 오늘날 우리의 현실을 대변하는 말이다. 대한민국은 한강의 기적을 발판 삼아 세계 10위권의 경제 대국으로 올라섰다. 지구촌을 휩쓴 한류의 물결로 세계 어디를 가든 어깨가 으쓱해진다. 올림픽 메달만큼이나 찬란한 빛이다. 그러나 그만큼 그림자도 짙게 드리워져 있다. 나라는 부자가 되어 가는데 국민의 표정은 어둡다. 나라의 위상은 높아지는데 양극화의 고랑은 여전히 깊다. 개개인의 삶이 불안하다. 국민이 행복하지 않다.

현재 우리나라의 합계출산율은 1.24명이다. 남녀 두 명이 겨우 자녀 하나를 건사한다. 출산율을 조사한 세계 222개국 가운데 꼴찌 수준이다. 이런 추세라면 2080년에는 인구가 절반으로 떨어진다. 국가로서 존폐의 갈림길에 서는 것이다. 이에 반해 자살률은 인구 10만 명당 31명으로 OECD(경제협력개발기구) 국가 중 가장 높다. 출산율과 자살률만 놓고 보면 정말 살기 팍팍한 나라인 셈이다. 대체 어쩌다가 이 지경까지 왔을까?

지금 대한민국은 불안공화국이다. 20대는 일자리를 구하지 못해서, 30대는 내 집 마련을 못해서, 40대는 사교육비에 찌들어서, 50대는 인생 2막이 걱정돼서 불안하다. 청년은 결혼을 미루고, 여성은 출산을 거부하며, 노인은 병원비 때문에 치료를 포기한다. 상대적 박탈감을 느끼는 사람들이 점차 늘어나다 보니 갈등과 대립도 끊이지 않는다. 이렇게 속 시끄럽고 정신 사나운 세상에서 미래의 희망을 찾는다는 것은 사치일지도 모른다.

우리나라가 직면한 현실은 마치 그리스 신화에 나오는 '고르디아스의 매듭'처럼 풀기 어려워 보인다. 하지만 우리는 또한 알렉산더 대왕이 이 고르디아스의 매듭을 어떻게 풀었는지 알고 있다. 알렉산더는 매듭을 단칼에 끊어버렸다. 미래를 지향하는 큰 시각으로 꼬일 대로 꼬인 현실에 쿨한 해법을 제시한 것이다.

정부가 할 일도 다르지 않다. 태평성대에 관한 어떤 미사여구를 늘어놓아도 국민의 실생활로 들어가 작은 요구를 챙기는 것만 못하다. 요즘 선택적 복지다, 보편적 복지다 말이 많은데 복지국가 역시 민심에 따르는 실천적 노력이 기본이다. 수사를 고민하고 논쟁을 벌일 시간에 칼을 뽑아 민생고를 끊어내야 한다.

구멍 뚫린 가계의 지출을 줄이고 공익적 투자를 통해 소득을 늘려 튼튼한 사회안전망으로 뒷받침하는 일! 양극화의 골짜기에 빠져 아파하는 서민을 따뜻하게 품고 일자리-주거-자녀교육-노후 불안에 떨지 않는 중산층으로 키우는 일! 그것이 사람에게 투자하는 21세기 대한민국의 국가전략 '휴먼뉴딜'이다.

훌륭한 작곡가는 모든 악기의 기능을 최대한 활용하면서도 조화를 잘 이루어냄으로써 아름다운 오케스트레이션orchestration을 만들어낸다. 휴먼뉴딜은 온 국민이 조화롭게 번영하는 생태계 국가의 열쇠다. 앞서 이야기한 산업생태계가 호수이고 정치-경제 생태계가 강이라면, 생태계 국가는 행복이 순환하는 미래의 바다다.

역사는 중산층이 나라의 운명을
바꾼다고 말한다

『중용中庸』은 동양의 대표적인 철학서다. 예로부터 이어져 온 삶의 지혜가 오롯이 녹아 있다. '중中'은 기울어짐이 없고, '용庸'은 변함이 없다는 뜻이다. 좌우 또는 상하 간의 중심을 잡는 것이 '중간middle'의 역할이다. 가운데가 튼튼해야 어느 한 쪽으로 치우쳐 쓰러지지 않고 오래갈 수 있다.

'중용'은 나라를 다스리는 데도 꼭 필요한 덕목이다. 선진국의 공통점은 중산층이 두터운 나라다. 모든 나라가 중산층을 키우려고 노력한다. 중산층은 고소득층은 아니지만 빈곤하지도 않다. 활발하게 세금을 내고 소비를 함으로써 시장경제를 지탱한다. 따라서 중산층 증가는 나라의 안정과 직결된다.

역사는 중산층을 키워내는 일이 한 나라의 운명을 어떻게 바꾸는지, 중산층을 키워내려면 정부가 무슨 일을 해야 하는지 알려주고 있다. 고대 중국에는 중산층을 키운 선각자가 있었다. 유안劉晏은 당나라에서 '안사의 난' 이후 재정을 맡았던 관리다. 그는 소금 전매와 운하 수송 등을 주관해 전란으로 궁핍해진 국가재정을 크게 늘렸다. 비록 자신은 음모의 희생양이 되어 억울하게 목숨을 잃었지만, 나라를 다시 반석 위에 올린 공은 역사가 인정했다.

유안은 특히 백성을 길러 내는 것을 이재*의 우선으로 삼았다. 그는 호구가 늘어나면 재정수입도 따라서 는다고 생각했다. 호구는 땅을 경작하고 세금을 내는 가구를 말한다. 오늘날로 치면 활발한 경제활동을 하는 중산층에 가까운 개념이다. 유안은 각 도에 지원관을 두고 정기적으로 곡식의 수확상태를 보고하도록 했다. 풍년이 들면 비싸게 사들이고 흉년이 들면 싸게 팔았다.

인상적인 점은 백성이 피폐하고 곤궁하여 흩어져 떠돌기 전에 시의 적절하게 조처를 했다는 것이다. 흉년이 들 징조가 보이면 조세감면이 얼마나 필요한지, 식량지원은 언제 할 것인지 검토해 백성의 급한 사정을 구제했다. 이로 말미암아 백성의 거처와 생업이 편안해지자 호구는 1.5배, 수입은 2.5배나 늘어났다.

비근한 예는 20세기 미국에서도 찾아볼 수 있다. 1930년대 미국은 극심한 빈부격차 속에 대공황의 여파로 파산자와 실업자가 급속도로 늘어났다. 1932년 대통령에 당선된 프랭클린 루스벨트는 이듬해부터 '구제' '부흥' '개혁'을 내걸고 뉴딜정책을 시행한다. 흔히들 뉴딜 하면 지역개발과 공공근로 사업을 떠올리지만, 실상은 달랐다.

루스벨트는 대자본가에게 더 많은 세금을 부과하는 한편 실업자, 은퇴자, 빈곤층에 대한 사회안전망을 구축하기 시작했다. 1935년에는 사회

---

* 理財, 국가의 재산을 관리함.

보장법을 제정해 실업보험, 퇴직연금, 건강보험 등의 복지혜택을 제도적으로 보장했다. 또한, 전국노동관계법을 통해 노동자의 지위를 향상해 근로소득 증대를 가능케 했다.

그 후 20년간 미국은 중산층의 나라로 바뀌었다. 국민 다수의 생활 수준이 건국 이후 처음으로 꽤 높아진 것이다. 1950년대 중반에 이르자 중산층 가정의 실질소득은 대공황이 발생한 1929년에 비해 두 배 가까이 늘어났다. 그들이 활발하게 소비를 하면서 미국경제는 유례를 찾아볼 수 없는 호황을 맞았다.

21세기라고 해서 다를 것이 없다. 지구존을 휩쓴 양극화가 중산층을 빈곤의 나락으로 빠뜨리기 시작했다. 중산층이 사라지는 만큼 빈부격차는 나날이 커진다. 설상가상으로 2008년에는 미국발 금융위기가 세계를 강타했다. 적색경보가 울리자 나라마다 비상이 걸렸다. 단순한 경제위기가 아니다. 국가의 지속 가능한 미래가 걸린 문제다.

미국의 오바마 정부는 금융위기 때문에 중산층이 몰락할까 봐 노심초사했다. 신용경색, 취업난, 부동산가격 하락으로 압박받는 중산층을 지키기 위해 범국가적인 수단을 연구했다. 집권하자마자 '중산층 지원 태스크포스팀'을 구성해 직업교육 기회를 확대하고 소득과 은퇴 후 수입을 보장하는 방안을 추진했다.

영국에서도 임금 동결, 물가 상승 등으로 중간 이하 소득 계층이 타격을 입고 있다. 옥스퍼드 영어사전은 2011년의 단어로 '쥐어 짜인 중산층

squeezed middle’을 선정했다. 에드 밀리밴드 노동당 당수가 BBC 라디오 프로그램에서 처음 사용한 ‘쥐어 짜인 중산층’은 곧 시대상황을 대변하는 말로 떠올랐다.

중산층의 살림살이가 팍팍해졌다. 중산층 자체가 쪼그라들었다. 즙을 짜내고 남은 오렌지squeezed orange처럼 더는 중산층이 제 기능을 발휘하지 못한다. 시장경제의 버팀목이 쓰러지는데 나라 살림이라고 온전할 리 없다. 영국의 미래전략처가 ‘중산층 회복’을 최대 과제로 삼은 까닭이 여기에 있다.

일본이 과거 ‘1억 중산층 시대’로 돌아가자고 외치는 것도, 독일이 ‘아젠다 2012’를 통해 중산층을 두텁게 하려는 것도 같은 맥락이다. 중산층 소멸과 소득격차 확대는 사회 붕괴로 이어진다. 하늘 아래 그것을 원하는 정부는 없다.

우리나라도 실질소득 감소에 따라 빈곤층으로 전락하는 중산층이 크게 늘었다. 반면 빈곤층에서 중산층으로 올라간다는 것은 낙타가 바늘구멍 통과하기다. 빈곤의 대물림이 점차 일상이 되고 있는 것이다. 열심히 공부해도, 정직하게 땀 흘려도 잘 살기 어렵다면 남는 것은 절망뿐이다. 그런 나라는 미래도 없다.

허리가 움푹 파인 날씬한 몸매가 사람에겐 좋을지 몰라도 사회로선 독약이다. 국가가 소매를 걷어붙이고 중산층의 빈곤층 전락을 막고 빈곤층의 중산층 진입을 도와야 한다. ‘중산층 키우기’는 나라의 운명과 미래를 바꾸는 대역사다. 이런 시대적 과제를 추진하기 위해 야심 차게 마련한 것이 휴먼뉴딜 프로젝트다.

　　중산층을 키우는 일은 두려움 없이 현실을 직시하는 데서 출발한다. 루스벨트 대통령은 취임연설에서 '우리가 두려워해야 할 것은 두려움 그 자체'라며 공황상태에 빠진 국민에게 용기를 심어주었다. 21세기 대한민국의 휴먼뉴딜 사업 역시 마찬가지다. '서민을 따뜻하게 중산층을 두텁게'라는 슬로건이 중요한 이유다. 자, 그럼 지금부터 우리는 무엇을 어떻게 해야 할까?

'정책 게릴라',
사교육이라는 괴물과 맞짱을 뜨다

윌리엄 오컴은 스콜라 철학을 비판한 영국의 중세 철학자다. 그가 볼 때 공론이 난무하는 스콜라 철학은 삼천포로 빠지기 일쑤다. 오컴은 복잡하고 불필요한 가정은 면도날로 잘라버리듯 제거해야 한다고 역설했다. 가장 단순한 해법이 정답에 가깝고 아름답다는 것이다. 오늘날 그의 주장은 '오컴의 면도날 법칙'이라고 불린다.

예를 들어보자. 프로야구 경기에서 9회 말 투아웃 역전 기회를 맞아 타석에 들어선 타자가 있다. 공 하나에 승패가 오가는 매우 급한 상황이다. 머릿속에 수많은 경우의 수를 굴리는 게 바람직할까? 아니다. 상대투수의 특성을 염두에 두되 잔가지는 과감히 쳐내고 난순냉쾌하게 공 하나를 노려야 한다. 그래야 역전홈런이 나온다.

문제는 어려울수록 단순화해야 한다. 간단명료하게 정리 분석하는 자세가 필요하다. 그래야 대책이 나온다. 중산층을 키우는 일도 마찬가지다. 첫째, 가계 지출을 줄여야 한다. 둘째, 가계 수입을 늘려야 한다. 셋째, 사각지대가 생기지 않도록 사회안전망을 촘촘히 구축해야 한다. 이것이 '서민을 따뜻하게 중산층을 두텁게' 하는 길이다.

경제위기 상황에서 가계 수입을 늘리기는 쉽지 않다. 반면 가계 지출을 줄여주면 정부예산을 들이지 않고도 현금을 지원해주는 것과 똑같은 효과가 나타난다. 나는 2009년부터 가계 지출을 줄이는 방안을 연구했다. 그 가운데서도 자식을 키우는 가구가 가장 부담을 느끼는 사교육비를 어떻게 해서든 잡아야 했다.

사교육은 부실한 공교육, 지나친 교육열, 부모의 불안을 부추기는 학원 마케팅이 만들어낸 괴물이다. 가계소득의 20~50퍼센트를 사교육에 쏟는 나라는 우리나라밖에 없다. 도를 넘어선 사교육비는 가계부채를 증가시키고 저출산의 원인이 된다. 중산층의 붕괴로 이어지며 대한민국을 통째로 삼킬 위험성이 있다.

사교육비를 줄이고 공교육을 정상화시키기 위해서는 먼저 큰 난관을 넘어야 했다. 우리나라는 학원업계-교육과학기술부-국회로 이어지는 사교육 피라미드가 형성돼 있다. 그것을 넘지 못하면 어떤 교육개혁도 현실적으로 성과를 거두기가 어렵다. 고심 끝에 나는 중요한 결정을 내렸다. 돌파구는 여론전밖에 없었다. 이 문제를 이슈화시켜서 1,000만 학부모들의 응원을 등에 업기로 했다.

"이 정부에 총대 메는 사람이 없다고 한다. 그러나 나는 사교육 개혁을 하다 장렬히 전사해도 좋다. 이르면 올 여름방학부터 전국 학원들이 밤 10시 이후엔 학생 교습을 못하도록 하기 위한 법 제도와 행정의 틀을 만들겠다."

2009년 4월 24일 한 유력 언론매체에서 내 인터뷰를 1면 톱기사로 게재했다. 나는 정면 돌파한다는 심정으로 '밤 10시 이후 학원 심야교습 금지'를 비롯한 사교육 대책을 밝혔다. 기사가 나가자 온 나라가 발칵 뒤집혔다. 학원 심야교습 금지는 애초 국민권익위원회의 보도자료에서 착안했다. 아이들의 수면권과 건강권을 보장하기 위해 심야교습을 제한해야 한다는 내용이었다. 나는 그것이 어마어마한 기득권이 돼버린 사교육을 꺾는 첫걸음이라고 봤다.

사교육 대책이 나오자 학원업계는 물론 교과부와 국회까지 부글부글 끓었다. 당시 한나라당 원내대표는 방송에 출연해 공개적으로 나보고 정신 차리라고 윽박질렀다. 일부 언론도 곽승준이 부통령이냐는 식의 보도로 문제를 제기했다. 학원업계에서는 심야교습 금지 등의 법제화가 추진되자 즉각 헌법재판소에 위헌소송을 냈다. 예견된 반응이었다. 하지만 나는 오히려 속도를 내야 한다고 생각했다. 사교육과 같이 기득권의 저항이 거센 문제는 우물쭈물 눈치를 봐서는 해결이 요원하다. 급진적으로 개혁하지 않으면 안 된다. 적당히 하면 성공하지 못한다. 처절하게 밀어붙여야 한다.

시간이 지나자 내 소신이 옳았다는 게 증명되기 시작했다. 내가 살아오면서 그때만큼 이메일을 많이 받아본 적이 없었다. 하루에 400~500통씩 쏟아져 들어오는데 거의 다 학부모들의 응원 메시지였다. 예상대로 1,000만 학부모들이 내 편을 들어준 것이다. 상황이 이렇게 돌아가자 언론의 논조도 바뀌었다. 처음에 나를 비판했던 한 언론에서는 '정책 게릴라'라는 별명까지 붙여줬다.

결국, 2011년 6월에 학원법(학원의 설립·운영 및 과외교습에 관한 법률)이 국회를 통과했다. 물론 이때도 반발이 없었던 것은 아니다. 야당이 반대에 나선 것이다. 돌이켜 보면 참 아이러니한 일이었다. 애초 2009년에 사교육 대책을 발표했을 때는 야당 정책위원장이 환영했다. 그런데 한나라당 원내대표가 방송에까지 나와 나를 비난했다. 하지만 막상 법제화가 목전에 이르자 야당이 딴죽을 건 것이다.

그 고비를 넘는 데 힘을 보탠 것은 어느 방송매체의 특종이었다. 야당 대표가 학원업자들을 만나는 장면이 저녁 뉴스에 방영됐다. 야당은 1980년대 학생운동에 투신했던 486 등이 당내에서 큰 영향력을 가지고 있었다. 그들 중 일부는 과거 어려웠던 시절 학원업계에서 돈을 벌어 동료의 활동비를 지원했다. 따라서 학원법이 통과되면 옛 동지들의 사업에 지장이 있을 것이라고 봤다. 하지만 방송이 나가자 여론이 야당을 질타했고 더는 학원법의 통과를 미룰 수 없게 됐다.

같은 해 10월 학원법이 시행되자 사교육 기득권이 고개를 숙였다. '학원 불법영업 신고 포상금제(일명 학파라치)'의 경우 1년 만에 포상금 지급액이 20억 원을 돌파하기도 했다. 부모의 불안 심리를 자극하는 사교육 마케팅은 그렇게 한풀 꺾였다. 더불어 아이들의 건강권과 수면권도 챙길 수 있게 되었다.

학원법과 함께 외고 입시 개편도 단행했다(2010년). 외고, 국제고 입시를 입학사정관에 의한 '자기 주도 학습전형'으로 개편한 것이다. 영어 인증시험, 경시대회 수상실적, 교과지식을 묻는 구술면접 등 사교육을 유발하는 요소를 배제했다. 대신 생활기록부, 학습계획서, 학교장 추천서를 위주로 학생을 선발했다. 그뿐만 아니라 정원의 20퍼센트 이상을 사회적 배려 대상자에 할애하도록 했다.

물론 부작용이 없는 것은 아니었다. 하지만 영어, 수학, 과학 과목에 대한 선행학습을 요구해온 입시시스템은 개선되었다. 선행학습 안 해도 외고에 들어갈 수 있게 되자 학원들이 하나 둘 문을 닫기 시작했다. 사교육이 전처럼 기승을 부리지 못하게 되면서 인근의 집값도 내려갔다.

통계청 조사결과에 따르면 2009년 이후 우리나라 사교육비 증가율이 미세하지만 둔화하였다고 한다. 건국 이래 처음 있는 일이다. 아직 국민이 체감할 정도는 아니지만 가능성을 보았다. 무슨 일이든 추세가 중요하다. 몇 년 더 지켜본다면 손에 잡히고 피부에 와 닿는 성과도 기대할 수 있지 않을까, 생각하며 희망의 끈을 놓지 않고 있다.

내가 사교육이라는 괴물과 맞결투를 한 까닭은 가계지출을 줄여 중산층을 키우고 저출산을 극복하는 계기로 삼기 위함이었다. 사교육비 외에도 가계 지출 줄이기 차원에서 신경 써야 할 현안은 쌓여 있다. 대학등록금이 대표적이다. 등록금 1,000만 원 시대를 맞아 부모는 허리가 휘고 학생은 아르바이트 전선에 내몰린다. 대학가에서 '반값등록금'이 이슈로 떠오른 것은 어찌 보면 당연한 일이다. 그러나 말이 쉬워 반이지 '반값 등록금'은 쉬운 과제가 아니다.

국가재정의 우선순위를 살펴 어느 부분을 늘리고 줄일 것인지 꼼꼼히 검토해야 한다. 예컨대 낮은 연령대로 갈수록 학생 수가 줄고 있으므로 거기 할당된 교육교부금을 대학등록금 지원에 활용하는 것도 방법이다. 여기서 당장 몇조 원은 뺄 수 있다. 현실에는 턱없이 못 미치지만 그런대로 숨통은 트일 것으로 기대한다.

그런데 이 대목에서 우리는 좀 더 근본적인 문제에 직면한다. 앞으로 6~7년 후면 고교 졸업생이 대폭 줄어든다는 사실이다. 현재 68만 명에서 40만 명 선으로 썰물 빠지듯 빠진다. 지금의 교육정책은 2018~2019년이면 다 바뀐다. 대학입시도 전혀 다른 차원에서 접근해야 한다. 대학의 구조조정도 필연이다. 대학에 가지 않고도 공정하게 경쟁하고 자신의 분야에서 성취와 보람을 느끼는 환경이 절실히 요청된다.

보육비, 주거비, 통신비, 유류비 등도 마찬가지다. 융통성 있게 재정을 운용하면서 시장의 독과점을 견제해 구체적인 성과를 보여주는 것도 필요하다. 실제로도 그렇게 하려고 애쓰고 있다. 그러나 눈앞에 보이는 성과보다 중요한 것은 내일을 보는 눈으로 오늘을 직시하는 것이다. 가계 지출을 줄이는 오컴의 면도날도 미래 한국의 밑그림 속에서 움직여야 비로소 엉뚱한 데 남용되지 않고 아름답게 쓰일 것이다.

일자리,
노사정 생태계가 관건이다

예전에는 가난한 시골집에서 부모가 큰형을 뒷바라지하느라 동생들에게 공부할 기회를 주지 못하는 일이 많았다. 동생들이 무슨 죄인가? 늦게 태어났다는 이유로 학업을 포기한다는 건 당사자로서는 보통 억울한 일이 아니다. 하지만 그게 당시 경제력의 한계였다. 동생들로선 큰형을 바라볼 수밖에 없었다.

좋은 대학 나와서 좋은 직장을 잡은 큰형은 동생들에게 용돈을 줘가며 공부시키는 것으로 효도를 대신했다. 동생들 일자리를 알아봐주고 사회생활에 대한 조언을 아끼지 않았다. 과거엔 이런 일들이 가족의 테두리 안에서 벌어졌다. 그런네 오늘날은 그 역할분담이 사회로 확장되는 추세다.

2010년 이후 대한민국 경제가 서서히 위기에서 벗어나며 가계 수입을 늘리는 사업도 활기를 띠기 시작했다. 그러나 한국경제는 이미 시장의 비중이 커졌다. 정부가 아닌 민간이 주도하는 경제다. 정부도 노력을 기울여야 하겠지만, 민간의 협조 없이는 성과를 거두기가 어렵다. 지난날 집안에서 큰형이 동생들을 돌봤듯이 지금은 사회에서 민간의 공익투자가 활성화되어야 한다.

국민의 도움으로 성장한 대기업이 사회투자에 나서는 것은 어찌 보면 당연하다. 이윤추구라는 면에서도 그렇다. 중산층은 기업 처지에서 보면 소비자다. 소비자가 늘어나야 기업의 지속할 수 있는 발전도 보장받을 수 있다. 현시점에서 사회투자는 산업 생태계를 짜고 1인 창조기업과 사회적 기업을 육성해 일자리를 창출하는 방향으로 이뤄져야 한다. 이것이 바로 가계 수입을 늘리는 길이다.

산업 생태계는 대기업, 중소기업, 1인 창조기업이 공생하는 환경이다. 대기업 보고 퍼주라는 뜻이 아니다. 누차 이야기했지만 지금 세계 시장은 산업 생태계끼리 경쟁하는 시대다. 스마트폰만 보더라도 하드웨어뿐 아니라 게임, 음악, 음성인식 애플리케이션이 뛰어나야 시장에서 먹어준다. 큰 기업이 이런 소프트웨어나 콘텐츠까지 못 만든다. 건실한 중소기업, 똘똘한 1인 창조기업이 함께하지 않으면 버티기 어렵다.

삼성 생태계와 애플 생태계가 싸워야 하는 상황에서 동반성장은 필수다. 소수 대기업이 90퍼센트를 장악하고 대다수 중소기업이 나머지 10퍼센트를 나눠 먹는 식으로는 이길 수 없다. 발상의 전환이 시급하다. 대기업에 중소기업은 더는 단순한 아래도급업체, 용역업체가 아니다. 살아도 같이 살고 죽어도 같이 죽는 동반자다. 나누고 배려하며 함께 살 수 있는 환경을 만들어야 한다.

1인 창조기업도 능력이 있으면 펀드나 엔젤투자자의 지원을 받아 비즈니스를 펼칠 수 있어야 한다. 미국의 실리콘밸리가 왜 컸을까? 그곳은 실패에 대한 페널티가 별로 없다. 창의적인 아이디어만 있으면 얼마든지 비즈니스를 할 수 있다. 설혹 실패하더라도 다시 일어설 기회를 준다. 그런데 우리는 어떤가? 한번 실패하면 인생 망가지기에 십상이다. 공생의 지혜가 아쉬운 대목이다.

1인 창조기업은 정부의 일자리 대책에서도 큰 몫을 차지한다. 고용정책은 '실업구제형'에서 '창조확산형'으로 패러다임을 바꿔야 한다. 나는 지난 2010년 콘텐츠-미디어-3D 육성전략을 제안한 바 있다. 창조확산형 일자리*와 1인 창조기업 붐을 뒷받침하기 위해서였다.

콘텐츠-미디어-3D 산업은 미래의 성장가치도 높지만 '디지털 네이티브' 세대로 불리는 청년층이 선호하는 분야다. 청년실업이 심각한 상황에서 고용흡수력이 클 것으로 예상한다. 2014년까지 정부와 민간이 12조 원을 투자해 연평균 1만 6,000명씩 총 8만 개의 일자리를 창출할 계획이다.

특히 콘텐츠산업은 1인 창조기업도 최대 4,000만 원까지 지원해 콘텐츠상품을 만들 수 있게 돕는다. 또 대기업과 공동으로 콘텐츠를 개발하고 정부가 제작비를 지원하는 '콘텐츠 생태계 프로젝트'를 추진하고, 외국진출을 돕기 위해 2013년까지 2,000억 원 규모의 '글로벌 콘텐츠 펀드'도 조성한다. 작은 아이디어만 있으면 콘텐츠 생태계에 뿌리를 내리고 외국시장을 노크할 수 있게 된 것이다.

사회적 기업은 1인 창조기업과 함께 젊은이들의 눈높이에 맞는 또

* 아이디어만으로도 창업할 수 있는 1인 창조기업, 콘텐츠사업 등과 같은 새로운 패러다임에서 일자리를 창출하는 일자리 대책.

하나의 블루오션이다. 사회적 기업은 취약계층에게 일자리와 사회서비스를 제공하여 삶의 질을 높인다. 우리나라에서는 2012년 현재 시각장애인이 공연을 펼치는 한빛예술단, 노인과 장애인을 돌보는 휴먼케어, 재활용을 통해 나눔을 실천하는 아름다운가게 등 680여 개가 설립돼 활동하고 있다. 정부는 2020년까지 5,000개 이상의 사회적 기업을 육성 지원할 방침이다.

최근에는 사회적 기업이 청년층의 도전정신과 자아실현 욕구를 고취하는 아이템으로 주목받고 있다. 2010년에 설립한 한국사회적기업진흥원에서는 청년 사회적 기업가를 육성하고 있는데 반년 만에 1,600명이 등록하며 큰 호응을 얻었다. 한 언론사의 설문조사보는 청년세내가 사회직 기업을 희망하는 이유는 '사회혁신 의지' 때문이다. 청년실업 등 자본주의의 한계를 몸으로 느끼면서 사회적 기업을 통해 공익적 삶을 꿈꾸게 된 것이다.

대기업에도 사회적 기업 바람이 불고 있다. 전문성과 열정을 갖춘 사회적 기업을 지원하거나 직접 사회적 기업을 설립하는 대기업도 많다. 고용노동부와 한국사회적기업진흥원은 2011년 12월 국내 대표기업 22곳과 '1사 1 사회적 기업 협약'을 맺었다. 이 기업들은 사회적 기업과 동반관계를 맺고 1대1 맞춤형 컨설팅과 경영 비결을 제공하기로 했다.

이미 아름다운 모범사례도 속출하고 있다. 자연찬 유통사업단은 국내 영농장애인과 농촌 취약계층이 생산한 농산물을 유통하는 사회적 기업이다. 이 사업은 국내외 어디에서도 찾아볼 수 없는 모델이라 철저한 연구와 검증이 필요했다. 자연찬은 현대자동차그룹 사회문화팀을 직접 찾아가 이

사업의 필요성을 전했다. 현대자동차는 사업기획은 물론 마케팅, 재무, 회계 비결까지 전수하여 3년 6개월 만에 사회적 기업 인증을 받도록 도왔다.

우리 사회는 산업화와 민주화를 이른 시일에 압축적으로 성취했다. 그러나 사회를 한 차원 더 높이 성숙시킬 생태계 마인드는 아직 무르익지 않았다. 양극화 현실에서 가계 수입을 늘리는 일은 정부만의 힘으로 성과를 거두기 어렵다. 협력과 경쟁 속에 함께 진화하는 생태계 마인드가 사회 전반에 자리 잡을 때 비로소 해법을 찾을 수 있다.

현대자동차는 2012년 임금협상 과정에서 2015년까지 사내아래도급 비정규직 3,000명을 정규직화하겠다는 안을 내놨다. 이렇게 비정규직 문제에 정부가 적극 관심을 두고, 회사가 공익적 관점에서 실마리를 풀며, 노조가 조금만 권리를 양보한다면 얼마든지 안정적인 일자리를 만들어낼 수 있다. 일자리도 결국 노사정 생태계가 관건이다.

선택적 복지든 보편적 복지든
국민행복이 우선이다

2011년 1월 내가 대통령께 신년 업무보고를 드릴 때 일이다. 대통령 앞에서 시장경제의 낙오자를 보듬어 세우기 위해 사회안전망을 확대해야 한다고 건의했다. 그러자 기획재정부 쪽에서 재정 건전성이 중요하다며 제동을 걸었다. 나는 무조건 안 된다, 그러지 말고 새로운 비전을 제시해야 한다는 뜻을 재차 밝혔다.

이 일이 언론에는 정부 내 논쟁으로 비쳤던 모양이다. 얼마 후 한 일간지에 '여권의 3갈래 복지론'이라는 내용의 기사가 실렸다. 2010년 무상급식으로 촉발된 복지논쟁은 2011년 이후 정치권의 뜨거운 이슈로 떠올랐다. 복지 확대냐 재정 건전성이냐, 선택적 복지냐 보편적 복지냐, 옥신각신 여론이 들끓고 있다.

그때나 지금이나 나는 복지를 '포퓰리즘'이라고 공격하는 것에 반대한다. 시장경제를 유지하려면 당연히 복지를 해야 한다. 정부가 낙오자를 보듬지 않으면 자본주의는 지속할 수 없다. '복지=포퓰리즘'이라는 식의 논리를 내세우면 복지예산을 아무리 늘려도 부자만 위하는 정부로 낙인찍히기 쉽다. 같은 서울시 예산을 가지고도 박원순 시장은 '복지 서울'을 주장해 민심을 얻었지만, 오세훈 시장은 '복지 포퓰리즘'을 주장하는 바람에 민심을 잃었지 않았는가.

　보편적 복지니 선택적 복지니 싸울 일도 아니다. 무엇이 선택적 복지이고 무엇이 보편적 복지인가? 현실에서 그렇게 칼로 자르듯 나눌 수가 있을까? 그저 말장난 같다. 어떤 나라도 보편적 복지와 선택적 복지를 한 가지만 선택하지는 않는다. 재정이 허용하는 범위에서 사안에 따라 둘을 효율적으로 조합해서 사용한다.

　예를 들어 한국의 미래를 위협하는 저출산 문제는 보편적 복지로 해결해야 한다. 빈곤층뿐 아니라 중산층, 고소득층 여성도 마음 편하게 아이를 낳을 수 있는 환경을 만들어야 한다. 반면 주택 문제의 경우 집 있는 사람보다 집 없는 사람을 먼저 배려하는 정책이 필요하다. 즉 선택적 복지로 접근해야 한다.

　다시 말해 복지는 정부 가용예산 안에서 보편적 복지와 선택적 복지를 복합 설계해 효과를 극대화하는 게 중요하다. 근본적으로 보편적 욕구가 존재하는 곳에는 보편적 제도를 짜고, 다양한 요구가 존재하는 곳에는 선택적 프로그램을 짜면 된다. 보편적 제도하에서 자산과 소득에 따른 차등 지원 방식을 선택할 수도 있다. 책상머리에서 논쟁할 시간에 현실의 어려움을 살피고 실용적인 해법을 찾을 일이다.

　국민은 아무리 경제가 나빠지고 살기가 어려워도 나라에서 꼭 지켜 줬으면 하는 게 있다. 건강을 해치면 안 된다. 학교를 그만둬도 안 된다. 가족은 절대 파괴되면 안 된다. 이 세 가지는 국가가 반드시 지켜줘야 하는 문제다. 이처럼 삶에는 물러설 수 없는 마지노선이 있다. 그것을 지켜주는 게 바로 사회안전망이다.

사회안전망은 국민을 실업, 빈곤, 재해, 노령, 질병 등의 사회적 위험으로부터 보호하기 위한 제도적 장치다. 그 기본선은 사회보험, 공적부조, 긴급구호 등을 통해 실현된다. 우리나라에서는 1997년 IMF 경제위기 때 구제금융의 조건으로 사회안전망 확충을 요구받으면서 각인됐다.

사회안전망에 필요한 복지 수준은 재정이 허락하는 한 높여야 한다. 국민이 삶을 불안하게 여기면 사회는 위험해진다. 시장경제의 낙오자를 보듬어 다시 일으켜 세울 때 자본주의 체제가 올바로 작동하는 법이다. 중산층의 빈곤층 전락을 막고 빈곤층의 중산층 진입을 가능케 하는 안전판이 사회안전망이요, 복지다.

'사회안전망=복지=포퓰리즘'이라는 등식을 정해버리면 사회의 통합은 이루어지지 않는다. 사회안전망이 갖춰져야 서민에게 계단을 밟고 올라갈 수 있다는 희망이 생긴다. 복지수준이 올라가야 중산층이 두터워지고 소득과 소비가 늘어난다. 이를 통해 계층 간의 위화감을 완화함으로써 비로소 사회가 통합된다.

양극화는 계층뿐 아니라 대기업과 중소기업, 정규직과 비정규직, 도시와 농촌의 격차를 모두 포함한다. 이런 격차는 사람과 사람, 기업과 기업, 지역과 지역 사이의 협력과 진화를 촉진하는 사회적 인프라에 투자해야 없앨 수 있다. 나는 생태계 마인드에 뿌리를 둔 복지와 사회안전망이 그 발

판이 될 것이라고 믿는다. 조화로운 생태계 국가 대한민국의 미래도 결국
국민행복에 투자하는 데서 출발할 것이다.

제6장

신성장동력은
청년이 꿈꾸는 일자리다

청년은 허드레 일자리를
좋아하지 않는다

"우리나라 애들은 참 착해요. 프랑스 애들은 일자리 안 준다고 막 폭동 일으키고 난리던데, 우리는 다 지들 탓인 줄 알아요."

영화 〈내 깡패 같은 애인〉에서 삼류 조폭으로 나오는 박중훈이 여주인공에게 건넨 말이다. 여주인공은 취업준비생이다. 지방대 전산과를 우수한 성적으로 졸업하고 석사까지 마쳤으나 고향에는 변변한 일자리가 없다. 전공을 살리려고 서울로 오지만 지방대 출신이란 이유로 면접 볼 기회도 안 준다. 간신히 얻은 면접에서는 전공과 관련한 질문은 없고 조롱당하기 일쑤다. 심지어 취업을 미끼로 접근한 사내에게 성희롱을 당하기도 한다.

그녀는 삼류 조폭과 같은 처지인 도시 빈민이며, 아무런 사회적 안전망 없이 방치된 독거 인구이며, 편의점 아르바이트로 생활비를 버는 '88만 원 세대'다. 결국, 여주인공은 삼류 조폭의 무모한 희생으로 겨우 제대로 된 면접을 보고 사회에 진입한다. 역으로 보면 통상적인 방법으로는 공정한 기회를 잡지 못했을 것이란 이야기다. 한국사회와 기성세대가 청년세대에게 무슨 짓을 하고 있는지 다시 한 번 생각해보게 하는 마무리다.

통계청에 따르면 우리나라의 청년실업자 수는 32만 4,000명으로 청년실업률 7.7퍼센트를 기록하고 있다(2011년 10월 말 기준). 하지만 청년층 체

감 실업률은 그 세 배에 달하는 22.1퍼센트로 추산된다(현대경제연구원 조사). 구
직 단념자, 취업 준비자, 취업 무관심자 등 사실상 실업 상태이나 공식 통계
에 포함되지 않는 사람들까지 합하면 110만 1,000명에 이른다는 것이다.
수치만 보면 왜 프랑스처럼 폭동이 일어나지 않는지 신기할 지경이다.

내일의 대책을 세우려면 오늘의 진단이 정확해야 한다. 공식 실업
률과 체감 실업률 사이에 괴리가 너무 크다. 아들 세 명 중의 한 명이 놀고
딸 세 명 중에 두 명이 노는 게 느껴지는데 청년실업률은 고작 7~8퍼센트
라니. 4주 동안 열심히 일자리를 찾지 않는다고 빼고(구직 단념자), 공무원이나
전문직 시험을 준비 중이라고 빼고(취업 준비자), 취업 자체에 관심이 없는 여
성들이라고 빼면(취업 무관심자) 도대체 뭘 하자는 말인가.

사실 청년층 일자리의 해법을 찾으려면 이 사실상의 실업자(구직 단념
자, 취업 준비자, 취업 무관심자)들이 뭘 원하는지 살펴야 한다. 그들 대다수는 사회
에서 제공되는 일자리가 자신의 기대 수준에 맞지 않는다고 생각한다. 사실
우리 사회는 구직난 못지않게 구인난도 심한 편이다. 일할 사람 찾지 못해
발을 동동 구르는 중소기업도 적지 않다. 하지만 비싼 등록금 내가며 대학
을 마친 청년들에겐 이름 모를 중소기업이 양에 차지 않는다.

여기엔 우리나라 교육의 문제도 크다. 유럽은 고등학교를 졸업하면
바로 취업해 사회생활을 시작하는 인구가 많다. 물론 고졸이라도 만족스럽
게 일할 수 있는 사회적 분위기가 조성돼 있다. 반면 우리나라는 대부분이
대학에 진학한다. 문제는 한국사회가 과거와 달리 수직적 이동이 어려워졌

다는 점이다. 고시, 전문직, 대기업의 문은 좁은데 그리로만 사람이 몰리니 사실상의 실업자가 양산될 수밖에 없다.

청년세대의 눈높이를 탓할 일이 아니다. 인적 자원의 배분이라는 측면에서 사회 전체가 책임져야 할 일이다. 기성세대가 앞장서 비전을 만들어야 한다. 청년이 원하는 일자리, 디지털 네이티브 세대에 어울리는 일자리를 창출할 수 있도록 정부와 민간이 함께 노력해야 한다. 영화 〈내 깡패 같은 애인〉에 나오는 삼류 조폭보다 못한 어른이 돼서야 쓰겠는가?

그러나 일자리 창출은 굉장히 어려운 문제다. 우리나라뿐 아니라 온 세계가 일자리 못 만들어 난리다. 금융위기에서 벗어나고 있는 미국은 물론이고 재정위기에 몰려 정신을 못 차리는 유럽도 마찬가지다. 한국정부도 2012년에 10조 원을 일자리 만드는 데 투입하기로 했다. 청년층이 선호하는 일자리 7만 개를 창출하겠다고 의욕을 보인다.

그럼에도 뾰족한 수가 보이지 않는다. 지금까지도 다양한 대책을 내놨지만 대부분 별다른 성과를 거두지 못했다. 하기야 정부에서 일자리 대책이라고 산림 지킴이 같은 걸 내미니 성과가 있을 리 없었다. 정부부처가 이런 식으로 전시행정에 돈을 쓴다. 분명한 것은 청년들이 허드레 일자리 좋아하지 않는다는 점이다. 젊은 세대가 원하는 일자리에 초점을 맞춰야 한다. 그 한 축은 안정된 일자리다. 또 한 축은 미래형 일자리다.

안정된 일자리는 고용불안 해소와 관련이 있다. 미래 토크 2회 주제가 청년실업이었는데 이 문제를 집중적으로 다뤘다. 한 대졸 구직자는 국비

지원을 받고 네일아트를 배웠다고 한다. 하지만 국내에서는 4대 보험이 보장되는 직장을 찾을 수 없었다. 결국, 그 친구가 눈길을 돌린 것은 외국 일자리였다. 하이브리드 신인류가 지구촌에서 경쟁하는 것은 바람직하다. 개인적으론 더 많은 젊은이가 세계무대로 나갈 수 있도록 정부에서 지원해야 한다고 생각한다.

문제는 대학을 졸업하고 직업훈련까지 받은 친구가 4대 보험이 보장되는 직장을 찾을 수 없다는 것이다. 토론자로 나선 청년 유니언 팀장은 88만 원 세대가 처한 현실은 기존의 노조에서 대변할 수 없는 특수성이 있다고 강조했다. 청년 유니언은 2012년 3월 국내 최초의 청년노조로 정식 설립허가를 받아내고 카페베네 아르바이트생들의 주휴수당 소송을 챙기는 등 활동을 펼치고 있다.

청년세대의 일자리 부족과 열악한 근무조건은 정부 혼자서 해결할 수 없다. 기업과 노조를 포함한 사회 전체가 나서야 한다. 기업은 힘닿는 대로 청년 일자리를 만들고, 노조는 고용 유연성을 위해 기득권을 양보할 일이다. 정치권은 엇갈린 이해관계를 조율하고, 언론은 여론을 형성해야 할 것이다. 정부는 직업재교육과 실업급여 등 사회안전망을 구축해 이를 뒷받침해야 한다. 이른바 사회적 대타협이 필요하다. 사회가 유지되느냐 마느냐가 걸린 중차대한 문제이기 때문이다.

고용불안 해소와 함께 청년이 선호하는 미래형 일자리도 중요하다. 디지털 네이티브 세대에 어울리는 일자리를 창출하려면 산업의 패러다임을 전환해야 한다. 하이브리드 신인류의 창의력과 감수성을 발휘할 수 있는 분야를 육성할 필요가 있다. 그래서 신성장동력을 키우려는 것이다. 신성장동력은 청년이 꿈꾸는 미래 일자리다.

한국재벌은
벤처 정신 살려 어려운 일에 도전하라!

우리나라의 산업화는 세계에서 그 유례를 찾기 어려울 정도로 성공적인 업적이다. 1964년 1억 달러 수출을 달성했던 때로부터 47년 만인 2011년에 총 5,565억 달러로 세계 7위의 수출국에 올랐다. 단 1.5세대 만에 무에서 유로 상전벽해의 발전을 이룬 것이다. 그 과정에서 한국경제의 견인차 노릇을 했던 산업들이 있다.

1970년대에 우리나라는 조선, 철강, 자동차, 전자 등 제조업을 전략적으로 집중적으로 육성하였다. 이들 산업은 대한민국 경제의 성장동력이 되었다. 일자리를 만들고 수출을 통해 외화를 벌어들여 1인당 국민소득 2만 달러를 달성하는 데 가장 크게 이바지했다. 이들 4대 업종은 40여 년 이상이 지난 지금도 우리 경제를 지탱해주는 버팀목 노릇을 하고 있다.

하지만 이제는 제조업만으로는 더는 성장하기 어려운 시기가 왔다. 앞으로 30년 동안 우리 국민이 먹고살 새로운 성장동력이 필요해진 것이다. 우리는 지속 가능한 성장을 위해, 미래 일자리 창출을 위해 무엇을 준비해야 할까? 스스로 진화하며 남이 가보지 않은 길을 개척해야 한다. 생산성을 높이고 원천기술을 확보해야 한다. 앞으로 10년은 신성장동력을 발굴하여 핵심산업으로 육성해야 하는 중요한 시기이다.

옛날에는 땅과 천연자원의 규모가 나라와 국민의 부유함을 결정하였다. 그리고 산업혁명을 거치면서 증기기관으로 대표되는 공장의 생산력이 한 나라의 국부와 경제력에 결정적인 요소가 되었다. 정보혁명은 지식과 정보가 부를 창출하는 원동력이 되는 시대를 만들었다. 변화의 속도는 점점 더 빨라지고 있다. 역사적으로 이러한 변화의 물결에 역행하거나 뒤처진 그룹은 몰락했다. 식민지가 되거나 빈곤의 길로 빠져들었다.

오늘날엔 산업과 기술의 융복합화로 새로운 산업생태계가 출현하고 있다. 제조업 분야의 글로벌 강국으로 부상한 중국이 맹렬한 기세로 우리나라를 쫓고 있다. 자동차, 반도체 등 제조업은 더는 충분한 일자리를 공급하지 못한다. 한국경제의 지속 가능한 성장을 위해서는 이렇게 엄청난 환경변화에 기민하게 대응해야만 한다.

1인당 국민소득이 4만 달러 이상인 선진국들은 지속해서 신성장동력을 발굴하고 육성해온 것을 알 수 있다. 미국, 스위스, 일본, 덴마크, 네덜란드 등에서는 제조업과 서비스업의 혁신, 금융 및 IT산업의 강화, 지식기반 산업의 창출 등을 통해 미래세대의 일자리와 부의 기반을 만들어왔다.

그렇다면 우리에게 21세기 증기기관은 과연 무엇일까? 우리를 먹여 살릴 새로운 성장동력은 어떤 것일까? 나는 전 세계 시장규모, 성장의 잠재력, 타 산업으로의 파급효과 등을 고려할 때 콘텐츠, 시스템 반도체, 바이오 헬스 분야가 미래의 핵심 성장동력이 될 것이라는 결론을 내렸다.

신성장동력 육성은 정부의 비전과 함께 기업가의 투철한 벤처 정신이 발휘될 때 가능하다. 지난날 제조업 육성도 이병철, 정주영, 박태준 등 창업자들의 기업가정신이 아니었으면 성공하지 못했을 것이다. 민간부문의 힘이 세진 오늘날엔 더더욱 대기업의 역할이 중요할 수밖에 없다. 하지만 현재 우리나라의 대기업들이 신성장동력 육성의 대임을 책임질 수 있을까?

우리나라는 이제 건국 60년을 넘기면서 국가 시스템이 안정화 단계로 접어들고 있다. 그 결과 우리 사회의 많은 조직에 관료제가 자리를 잡게 되었다. 관료제는 본래 일을 체계적으로 하기 위해 탄생한 제도다. 우리나라의 산업화를 이끈 것도 정부와 기업의 관료제라 할 수 있다. 조직화한 다수가 개개인의 단순한 집합보다 더 많은 일을 할 수 있는 것 또한 사실이다.

하지만 관료제는 여러 가지 역기능도 갖고 있다. 특히 비대해진 관료제가 구성원 개개인의 자율성을 억압한다면, 구성원들이 도전보다 자기 자리 지키기에만 열중한다면, 또 큰 그림은 보지 못한 채 하부 조직의 이익에만 집착한다면 관료제는 그때부터 서서히 그 한계를 드러내게 된다.

우리 대기업들 사이에서도 이러한 한계에 직면하는 상황이 자주 목격되고 있다. 1960년대 30대 기업 중 지금까지 생존하고 있는 회사가 불과 몇 개 되지 않는다. 그 사실은 기업이 관료제의 함정을 쉽게 극복하기 어렵다는 점을 잘 대변해 준다.

우리 기업들은 글로벌무대에서 큰 성공을 거두며 큰 자신감을 갖게 되었다. 그러나 1997년 외환위기와 2008년 경제위기를 겪으면서 안전 위주의 소극적인 성향이 많이 생겼다. 아울러 주주 자본주의와 전문경영인 체제로 대표되는 현재의 기업 시스템에서는 기업 전략의 시계視界가 짧아지는 경향도 발견된다.

그러나 현재 진행되고 있는 스마트 혁명에서는 기업의 긴 안목과 발 빠른 움직임이 그 무엇보다도 중요한 성공 요인이다. 산업화를 성공한 우리의 관료제를 보다 유연하고 도전적인 조직으로 변모시켜야 한다는 의미이다.

생태계 경제의 쐐기돌이 되어야 할 대기업은 과거의 창업자처럼 어려운 일에 도전해야 한다. 기득권을 이용해 쉽게 돈 벌 생각 하면 안 된다. 눈앞의 이득에 연연해 편법상속하고 탈세하고 자영업자 밥그릇 뺏으니까 욕먹는 거다. 대기업은 어려운 일이지만 신성장동력에 투자해 좋은 일자리를 창출해야 한다. 그래야 국민의 존경을 받을 수 있다. 그것이 우리 사회가 재벌에게 요구하는 것이다.

콘텐츠산업:
청년이 일하고 싶은 동반성장 생태계

스마트 IT 시대의 경쟁력은 하드웨어보다는 그 안을 채우는 콘텐츠 경쟁력이 핵심적인 요소이다. 스마트 기기라는 것은 게임기인지 음악기기인지 모를 정도로 다양한 기능이 있으며 누가 얼마나 더 좋은 콘텐츠를 가지고 있느냐가 중요하다.

콘텐츠산업은 우리나라 젊은이들이 가장 일하고 싶어 하는 분야 중 하나다. 젊은이들의 60~70퍼센트는 일자리가 없어서 취업을 못하는 것이 아니라 자기가 원하는 일자리가 없어서 취업을 꺼리는 경우가 많다. 따라서 콘텐츠산업은 청년 일자리 문제를 해결하는 데 매우 중요한 역할을 할 수 있다.

중세는 종교의 이름으로, 근대는 이성의 이름으로 상상력을 억압한 시기였다. 그러나 21세기는 상상력이 과학기술의 도움을 받아 현실이 되는 시대라 할 수 있다. 상상력과 더불어 문화, 역사, 전통, 창의성과 같은 소프트 파워가 생산력이 되고 국가 경쟁력이 된다. 하드 파워보다 소프트 파워가 더욱 중요하고 강력해진 시대가 온 것이다. 국내 기업들도 이러한 새로운 패러다임에 적극 대응해 사업의 시야를 5,000만 국내시장에서 50억 세계 시장으로 확대해 나가야 한다.

콘텐츠산업은 '한류'로 확인된 한국의 문화적 저력과 세계 최고 수준인 IT 경쟁력을 기반으로 삼고 있다. 국가적 자원을 집중적으로 투입할 경우, 전체 서비스산업을 선도하고 국가지명도를 높이는 대표적인 산업이 될 것이다. 콘텐츠 산업은 또 전통적 제조업과는 달리 당분간 중국의 추격을 뿌리칠 수 있다. 중국처럼 경직된 계획경제는 경제성장에는 유리하나 창의성, 창작성을 요구하는 산업에는 유연하지 못하기 때문이다. 한국은 특히 온라인상의 많은 자유가 있어 디지털 콘텐츠 분야에서 중국을 따돌리기 쉽다.

콘텐츠산업이 우리나라를 이끌어가는 핵심 산업이 되기 위해서는 풀어야 할 숙제들이 많다. 우선, 콘텐츠산업 육성을 문화부 차원이 아닌 범국가적인 정책과제로 채택하여 IT 산업에 이은 제2의 성공신화를 창출하도록 해야 할 것이다. 애플, 구글 등은 콘텐츠-서비스-기기를 연계한 새로운 비즈니즈 전략으로 세계시장을 석권하고 있다. 우리나라도 차세대 유망 콘텐츠시장 창출을 위해 시장, 정부, 그리고 창의적인 인재의 적극적인 참여와 노력이 필요한 시점이다.

콘텐츠 분야는 1인 창조기업이 활성화될 수 있는 산업이므로 이를 위한 제도적 장치도 시급하다. 젊은 창조기업들에 대한 아이디어 발굴, 콘텐츠 제작, 마케팅 등을 원스톱으로 지원하여 청년 스스로 창업을 통해 일자리 문제를 없애 나갈 수 있도록 하여야 한다. 또 실패에 대한 페널티가 지금처럼 많으면 안 된다. 현재는 자기가 실패하면 가족, 친구 모두 신용불량자로 만든다. 보증 선 사람들까지 줄줄이 피해를 주는 것이다. 이 페널티를 줄여야 한다. 엔젤 투자를 활성화하고 작업장을 마련해주는 것도 빼놓을 수 없다.

콘텐츠에서 스토리의 중요성은 아무리 강조해도 지나치지 않다. 영화 '해리 포터' 시리즈의 원작자로 유명한 조앤 롤링은 우리나라 자동차산업 전체의 연간 수익보다 더 많은 돈을 벌었다. 창의적인 이야기나 기발한 상상력만 있으면 새로운 가치를 창출할 수 있는 시대이다. 즉, 스토리텔링이 문제이다.

관광을 예로 들면 유럽은 성마다 스토리가 있다. 계모가 음모를 꾸미고 왕자가 자신의 운명을 바꾼다. 겉보기엔 그 성이 그 성 같지만 스토리가 있기에 관광객이 모여든다. 그러나 우리나라 사찰은 가는 곳마다 누가 지었고 임진왜란 때 불탔으며 언제 다시 지었다는 식의 이야기밖에 없다.

스토리는 국민통합 측면에서도 중요하다. 우리나라는 지금 다민족 국가, 다문화 국가로 나아가고 있다. 스토리는 이질적인 구성원들을 하나로 뭉치게 한다. 대표적인 예가 미국 할리우드 영화의 영웅주의 스토리다. 소방관도, 경관도 다 국민을 위해 싸우다 죽는다. 과거에는 소련, 북한과 싸우다가 요새는 우주인까지 가상의 적으로 삼는다. 21세기엔 일방적으로 국가에 충성하라고 해서 애국심이 생기지 않는다. 스토리로 국민을 감동하게 해야 한다.

지식서비스라는 측면에서 우리가 제일 약한 게 스토리다. 우리나라는 산업화를 급작스럽게 이루는 과정에서 인문학의 가치가 평가절하됐다.

스토리 인프라가 대단히 취약한 실정이다. 한류가 계속 세계로 뻗어 나가려면 스토리의 뒷받침이 있어야 하는데 현재로선 심히 우려스럽다.

스토리텔링은 말 그대로 이야기를 만드는 일이다. 재미있는 이야기는 어떤 콘텐츠로 만들어도 성공할 가능성이 높다. 하지만 좋은 스토리텔링은 만들기 어렵다. 정부도 최근 몇 년 동안 스토리텔링에 정책적으로 투자해왔지만 성과는 미미했다. 과연 우리가 스토리텔링을 발전시키는 방법은 무엇일까? 실마리는 결국 사람에 있다고 본다.

젊고 우수한 인재가 스토리텔링에 관심을 둘 수 있도록 여건을 마련해주는 것이다. 이를 위해 스토리 창작센터도 만들고 공모전도 다채롭게 열어서 창의적인 젊은이들이 마음 놓고 상상의 날개를 펼 수 있도록 해야 한다. 아이디어를 상품화하는 방법, 구매자와 연결해 주는 방법, 저작권 등 권리문제를 상담해주는 조직도 필요할 것이다. 무엇보다 우리의 아이들이 많은 책을 읽고 주변의 역사나 이야기에 관심을 두도록 하는 등 인문학적 소양을 키울 수 있게 가르치는 것이 중요하다.

이야기 없는 콘텐츠는 사상누각이다. 산업에 대한 지원도 중요하지만 스토리텔링 문제가 개선되지 않으면 콘텐츠 산업은 뿌리가 얕은 나무에 불과하다. 스토리와 함께 개인의 상상력을 현실화시킬 수 있는 콘텐츠 핵심기술 개발이 필요하다. 국가 전체 연구 개발의 0.6퍼센트, 725억 원에 불과한 콘텐츠 연구 개발 예산을 대폭 확대해 나갈 필요가 있다.

국내 콘텐츠 기업은 영세하여 대형 글로벌 프로젝트를 추진하는 데 한계가 있다. 콘텐츠 산업의 외국진출을 위해 글로벌 콘텐츠 펀드를 조성하여 적극 세계 시장을 공략해 나가는 것이 필요하다. 2011년 우리나라 영화의 총제작비가 약 3,100억 원이었던 데 반해 할리우드 영화 〈아바타〉 한 편의 제작비용이 5,300억 원이었다. 우리에게 많은 것을 생각하게 하는 현실이다.

제2, 제3의 한류도 적극 육성해야 한다. K-pop이 세계에서 성공했다고는 하지만 아직은 게임수출의 1/13밖에 안 된다. 한류는 패션, 문화, 음식 등과 결합해야 위력이 배가된다. 예컨대 한식의 세계화 없는 한류는 오래가지 못한다. 여기에 우리의 강점인 IT 기술을 활용하는 것은 필수다. 이렇게 끊임없이 융복합하고 생태계를 이뤄야 성공이 지속 가능해진다.

콘텐츠 산업의 지속적인 발전은 또 저작권 보호와 저작물 이용 활성화를 통해서 뒷받침된다. 세계 최초 '온라인 불법복제물 유통 게시판 정지제도' 도입 등 선도적인 저작권 보호제도가 실효성을 갖추도록 강력한 집행력을 확보해 나가야 한다. 콘텐츠 환경변화에 대응한 저작권 보호체계를 강화해야 우리의 콘텐츠 산업이 더욱 발전할 수 있을 것이다.

마지막으로 콘텐츠 산업은 동반성장의 열린 생태계로 나아가야 한다. 영화, 통신, 방송 등 우리의 콘텐츠 업계는 모두 소수 플랫폼, 네트워크 사업자가 갑이고 다수의 콘텐츠 제공업자, 개발업자가 을인 관계가 고착되어 있다. 이러한 불공정거래 관행은 수익배분의 왜곡을 가져오고 콘텐츠 산업의 장기적인 발전을 저해한다. 이것이 바로 우리나라 콘텐츠업계의 가장 큰 구조적 문제이다. 이 문제의 뿌리는 약육강식의 정글 법칙에 있다. 사실 이런 현상은 콘텐츠 산업에만 국한되는 것도 아니다. 사업 다각화라는 명분으로 대기업들의 문어발식 확장이 계속되면서 30대 그룹의 계열사가 2011년 말 1,000개를 넘어섰다. 우리 경제에 절대 좋지 않은 신호임이 분명하다.

물론 산업구조는 지속 가능한 성장을 견인할 수 있어야 한다. 대기업들은 핵심역량 분야에 집중하면서 주변 기술개발 및 서비스 분야로는 신중하게 확장을 추진해야 한다. 또한, 관련 기업들을 널리 포용할 수 있는 개방화된 생태계를 조성하는 게 중요하다. 대기업의 수직계열화로는 건전한 생태계를 조성하기 어렵다. 열린 생태계를 위해서는 다양하고 역동적인 중소기업들이 많아야 하기 때문이다. 산업구조는 우리의 노력 여하에 따라 얼마든지 바꿔나갈 수 있다. 동반성장의 열린 생태계야말로 시장원리에 잘 맞으면서 지속 가능한 성장에도 맞는 콘텐츠산업의 합리적인 발전방향이라 할 것이다.

시스템반도체:
공대생의 기를 팍팍 살려주는 나라

미국 라스베이거스에서 열리는 CES는 세계 최대의 소비자가전 박람회로 지구촌 IT 기술의 발전을 한 눈에 볼 수 있다. 그래서 세계 각국에서 몰려든 인파로 서로 몸을 부딪치지 않고는 걸을 수 없을 정도다. 새로운 IT 트렌드를 파악하려는 사람들의 열의가 뜨겁다. CES 2012는 3D가 대세를 이루면서 스마트 TV가 점차 주목받는 점이 특징이었다. 스마트 TV의 양축인 구글과 애플이 모습을 드러내지 않은 점이 아쉬웠지만 대신 현대차, 아우디, 포드 같은 자동차 회사들이 대거 참여했다. 가전과 자동차의 결합! IT 융합의 신산업 트렌드가 읽히는 대목이었다.

　　IT 융합 시대에는 IT가 시스템반도체의 형태로 투영된다. 칩의 설계능력에 따라 가전과 자동차의 결합은 물론 온갖 종류의 하이브리드 제품을 양산할 수 있다. 우리나라가 미래에도 IT 강국으로서의 위상을 지키려면 시스템 반도체를 반드시 잡아야 한다는 사실을 뼈저리게 느낄 수 있었다. 시스템반도체란 시스템 제어 운영을 담당함으로써 IT기기의 두뇌 역할을 하는 반도체다. 크게 정보저장용 메모리반도체와 임베디드S/W로 구분된다. 시스템반도체는 IT 융합의 핵심으로서 자동차, 휴대전화, D-TV 등의 핵심기술이 '칩'에 구현된다. 사실상 완제품의 가격·품질 경쟁력을 시스템반도체가 좌우한다고 해도 과언이 아니다.

세계 반도체시장은 2009년 기준 2,804억 달러 규모로 연평균 7퍼센트 이상의 성장을 통해 2015년에는 4,422억 달러에 이를 전망이다. 가장 큰 비중을 차지하는 시스템반도체는 미국이 55퍼센트, 일본이 22퍼센트, EU가 11퍼센트 등을 점유하며 세계시장을 주도하고 있다. 특히, 미국은 앞선 기술력을 바탕으로 PC의 CPU(Intel), 휴대전화의 모뎀 칩(Qualcomm) 등 핵심시장을 선점하면서 세계시장의 50퍼센트 이상을 석권하고 있다.

미국은 일찍이 가전을 다른 나라에 넘기고 시스템반도체 설계, 소프트웨어, 바이오에 주력했다. 미국이 놓은 가전산업을 받아 안은 게 일본이었다. 10여 년 전까지만 해도 소니 TV는 세계 최고였다. 하지만 일본 역시 시간이 흐르자 다른 분야에 욕심을 내기 시작했다. 컬럼비아 영화사를 사들이고 소니뮤직을 설립하는 등 엔터테인먼트 분야로 진출한 것이다. 문제는 모범생 타입인 일본인의 기질이 이 분야와 맞지 않았다는 것이다. 엔터테인먼트는 끼가 있는 사람들의 무대였기에 일본은 여기서 큰 재미를 보지 못했다.

일본으로부터 가전산업의 바통을 이어받은 것은 우리나라였다. 한국은 반도체, LCD 패널 등과 함께 가전을 육성하며 기술과 품질 면에서 시너지 효과를 거뒀다. 마케팅에서도 일본을 제치고 세계 가전 시장을 장악해 나갔다. 그러나 화무십일홍花無十日紅이라고 했던가? 최근에는 중국이 하이얼 등 가전제조업체를 앞세워 우리나라를 맹추격하고 있다. 우리 기업이 시스템반도체 등 고부가가치산업에 눈을 돌린 까닭 중 하나다.

우리나라의 시스템반도체 경쟁력은 아직 세계 수준에 미치지 못하고 있다. 그러나 시장규모가 크고 고용창출 효과가 매우 높은 고부가가치산업이란 점에서 반드시 신성장동력으로 육성할 필요가 있다. 시스템반도체는 설계와 자동화의 어려움 때문에 메모리 반도체보다 평균 5~10배 정도의 인력이 더 필요하다(협력업체 포함). 청년세대의 미래 일자리 창출에 안성맞춤인 영양가 만점 산업이다.

스마트 시대가 점점 일상화되면서 시스템반도체의 중요성은 나날이 증가하고 있다. 앞으로는 시스템반도체 산업의 경쟁력이 국가 산업 경쟁력을 결정하는 중요한 요인이 될 것으로 본다. 미국 등 주요 선진국이 시스템반도체 분야에 사활을 걸고 전쟁을 벌이는 이유도 여기에 있다. 시스템반도체 산업을 메모리반도체와 같이 국제 경쟁력을 갖춘 미래 먹거리 산업으로 육성하기 위해 지금 우리는 무엇을 준비해야 할까?

최우선적으로 연관 분야의 핵심기술 개발에 민관 합동으로 대규모 투자를 하여 기술 국산화율을 높여야 한다. 시스템반도체는 뒤떨어지면 큰 대가를 치르고 외국에서 사와야 한다. 특히, 전체 시스템반도체 수입 중 휴대전화, DTV, 자동차 등 3대 부문이 47퍼센트를 차지하고 있다. 따라서 이들 부문에 대한 시스템반도체 기술개발사업을 적극 추진하여야 한다. 아울러 시스템반도체 산업의 핵심인 설계 능력 제고를 위해 팹리스*의 대형화와 수요창출 등이 필요하다. 잠재력 있는 창업·초기기업을 대상으로 연구

개발에서부터 판로개척까지 파격적 지원을 통해 세계적인 팹리스 스타기업을 전략적으로 육성해야 할 것이다.

현재 시스템반도체 설계 분야는 실리콘밸리가 다 잡고 있다. 우리나라 전자공학과가 활기를 잃은 이유도 이 때문이다. 실리콘밸리에서 카이스트, 포항공대 등 유명 공대의 인재들을 몽땅 스카우트해 간다. 시스템반도체 설계 인력은 원래 공장이 아니라 테헤란로 같은 곳에서 자유롭게 일하고 싶어 한다. 결국, 국내에서 여건이 안 되니 공대 인재들이 미국으로 가거나 전공을 포기하는 것이다. 따라서 공대생들의 기를 팍팍 살려주기 위해서라도 팹리스 육성은 꼭 필요하다.

한편 시스템반도체의 경쟁력은 팹리스와 파운드리**의 동반성장이 핵심이다. 우리나라의 경우 김대중 정부 때 재벌빅딜의 일환으로 LG반도체와 현대전자를 합쳐 하이닉스반도체를 세운 일이 있다. 이때 LG반도체의 시스템반도체 부문을 월가에서 사가지고 갔다. 그래서 파운드리 쪽은 오늘날까지 TSMC 등 대만 업체들이 꽉 잡고 있다.

지금이라도 늦지 않았다. 민간기업의 파운드리 분야에 대한 설비투자 확대와 전문화 지원을 통해 국내 파운드리의 세계시장 점유율을 확대해 나가야 한다. 이 밖에 장기적으로는 부가가치 창출효과가 매우 큰 반도체

* 팹리스Fabless: 반도체 설계를 전문으로 하는 회사.
**파운드리Foundry: 반도체 생산(제작)을 전문으로 하는 회사. 설계와 제작을 모두 수행하는 반도체 기업은 IDM(Integrated Device Manufacturer)이라 함.

장비 분야 산업을 육성하는 노력도 지속적으로 추진해야 한다. 또 인력측면에서는 중소 중견기업의 주요 애로사항인 석박사급 고급인력 부족 해소를 위해 체계적인 양성 프로그램도 운용할 필요가 있다. 우리는 메모리 반도체에서 세계 제일의 신화를 만들어본 경험이 있다. 미래를 바라보는 혜안과 과감하고 민첩한 대응이 있다면 신화는 또 한 번 만들어질 수 있을 것이다.

무엇보다 대기업의 적극적인 도전의식이 필요하다. 대기업들은 시스템반도체 같은 어려운 일에 도전해 미래 먹거리를 만들어내야 국민의 사랑을 받을 수 있다. 우리에게 가장 무서운 병은 기득권에 안주하려는 방심의 병이다. 한때 최고의 전자회사였던 RCA와 소니의 몰락을 반면교사 삼아 대담하게 치고 나가야 할 때다.

때마침 삼성이 미래 성장동력으로 시스템반도체를 낙점하고, 투자를 집중하겠다고 한다. 또 그동안 이동통신을 주력업종으로 내세웠던 SK는 하이닉스를 인수해 시스템반도체 육성의지를 불태우고 있다. 현대자동차도 새로이 전장부품회사를 설립했다. 차량용 시스템반도체 사업을 강화해 애플과 구글카의 도전에 대비하려는 포석이다.

바이오 헬스:
100세 장수시대의 새로운 블루칩

요즘 중년층과 노년층의 술자리에서 '9988123'이라는 건배사가 유행하고 있다. 99세까지 팔팔하게 살다가 하루 이틀 몸져누운 후 사흘 안에 세상을 뜨자는 의미다. 100세 장수시대를 맞이하는 사고의 한 단면이 비친다. 사람들은 단순히 장수하는 것이 아니라 얼마나 건강하고 행복하게 장수할 수 있을까를 고민하고 있다.

바이오 헬스산업은 급속하게 진행되는 고령화에 따라 어떤 분야보다도 장래 성장 가능성이 무궁무진한 분야라 할 수 있다. 우리나라는 황우석 사태 등 여러 가지 문제로 한동안 소홀했으나 이제 다시 고삐를 쥐어야 한다. 우리 경제가 한 단계 점프하고 안정적인 미래 먹거리를 확보하기 위해서는 바이오산업에 대한 인식전환과 대규모 육성노력이 반드시 수반되어야 할 것이다.

우리가 생명공학이라는 이름으로 익숙한 바이오분야는 크게 농·축산업 및 식품과 관련된 '그린 바이오', 식물과 같은 재생자원을 이용해 연료와 소재 생산을 주로 하는 '화이트 바이오', 그리고 마지막으로 줄기세포 연구 등 의학 및 제약과 관련된 '레드 바이오'로 분류된다. 그중 레드 바이오가 고령화 사회에서 미래 신성장동력으로 주목하고 있는 바이오 헬스산업과 직결된다.

　　바이오 헬스산업은 고령화 사회와 웰빙에 대한 사람들의 관심과 맞물려 빠르게 성장하고 있다. 생명공학 분야에서 가장 큰 시장이 있으며 국민의 건강 주권 확보를 위해 꼭 육성이 필요한 산업이다. 특히 우리의 강점인 IT 분야를 잘 활용하면 세계적인 경쟁력을 확보할 수 있을 것으로 보인다.

　　생명공학 분야는 제약, 의료, 에너지, 식량 등 생명과 관련된 다양한 분야를 포괄한다. 산업 발전 속도도 빠르고 영역도 계속 확대되고 있다. 이 때문에 BT(Bio Technology) 주도권 선점을 위한 선진국들의 경쟁이 치열하다. 미국은 금융위기로 말미암은 막대한 재정적자에도 2011년 미국국립보건원(NIH)에 320억 달러(약 37조 원)를 투입했다. 이웃 나라인 중국도 2011~2015년까지 5년 동안 400억 위안(약 7조 원)을 바이오제약 업계에 투자하기로 했다.

　　생명공학 분야 중 특히 주목이 필요한 바이오 헬스산업은 의약, 의료기기, 의료서비스를 포괄하는 산업이다. 바이오 헬스산업의 세계시장 규모는 2008년 말 기준으로 3.2조 달러로 자동차(1.6조 달러)나 통신서비스(1.8조 달러)보다 훨씬 더 크다. 게다가 앞으로 중국, 인도, 중동 등의 경제가 발달하면 2015년에는 시장규모가 5.2조 달러로 확대될 것으로 예상하고 있다.

　　현재 우리나라의 바이오 헬스산업 경쟁력은 선진국보다 열세에 있다고 평가할 수 있다. 바이오 헬스산업 국내시장은 2008년 기준 세계시장의 2.3퍼센트 수준인 745억 달러이다. 특히 의료기기는 세계시장의 0.7퍼센트 수준인 20억 달러에 불과하기 때문이다. 선진국 대비 기술 수준에서도 의약 분야가 61.0퍼센트, 의료기기 분야가 62.6퍼센트로 약 4년 정도 기술격차가 있다.

따라서 바이오 헬스산업을 세계적인 수준으로 끌어올리기 위해서는 우리의 강점을 최대한 활용할 필요가 있다. 한국은 반도체, 디스플레이 양산 경험 등 세계적 수준의 IT 역량을 가지고 있다. 이를 접목해 신흥시장을 중심으로 IT 융합병원과 바이오시밀러 수출을 적극 추진해 나가야 할 것이다.

이미 우리나라에선 한국화학연구원(합성의약품 분야), 한국생명공학연구원(바이오의약품 분야), 한국전자통신연구원(의료기기 분야) 등 전문기관이 연구개발에 집중하고 있다. 더 효율적인 연구 개발을 위해 각 기관의 상호 융합이 더 필요하다. 이와 함께 전문기관, 대기업, 중견 중소벤처기업 간의 협업 및 공동연구를 강화해 상대적으로 영세한 국내기업의 기술역량과 인프라를 끌어올려야겠다.

생명과 직결된 바이오 헬스산업은 안전성과 유효성에 대한 국가 규제가 필수적이다. 의약과 의료기기 모두 안전성과 유효성에 대한 국가 승인을 받아야 판매할 수 있다. 의료서비스 역시 국가공인자격을 갖춰야 한다. 따라서 정부의 규제정책이 산업의 육성에 결정적인 영향을 미친다.

아직 초기 단계에 머물고 있는 바이오 헬스산업의 규제정책을 적정 수준으로 조절해 '싹'을 자르지 않도록 해야 한다. 국민건강을 위협하지 않

으면서도 국내 기업이 규모와 기술 수준에 맞는 분야로 나아갈 수 있도록
육성 정책을 적극 펼쳐야 한다.

하이브리드 소통,
무엇을 상상하든 직업이 된다

나는 대구 출신이지만 대학 시절부터 해태 타이거즈(현 기아타이거즈)의 팬이었다. 그래서 한 언론매체의 인터뷰 고정코너인 '쿨한 만남'을 진행할 때도 종종 타이거즈 모자를 쓰고 나갔다. 처음에 이승엽 선수와 만났을 때 이 모자를 썼더니 댓글이 가관이었다.

대구 출신이 왜 기아타이거즈 모자를 쓰고 나왔느냐며 의혹의 시선을 보냈다. 하지만 나중에 김성근, 이만수 감독과 인터뷰를 할 때도 변함없이 쓰자 분위기가 바뀌었다. 곽승준은 진짜 기아타이거즈 팬이 맞구나, 하고 인정했다. 일관된 자세로 지속적인 소통을 하자 진심을 알아준 것이다.

나는 소통이 자기 세계에 갇히지 않고 사람들과 폭넓게 섞이는 것이라고 생각한다. 내가 '쿨한 만남'이라는 제목으로 고정코너를 이끈 이유다. 간혹 내 마음을 몰라주는 사람들도 있지만, 꾸준히 소통하다 보면 거짓말같이 마음을 열어준다. 그렇게 우리는 융복합을 이루고 하이브리드가 되어간다.

스마트 IT 시대를 선도하는 미국의 실리콘밸리에도 쿨한 만남이 있다. '버닝맨Burning Man'은 실리콘밸리의 소통문화를 잘 보여주는 행사다. 버닝맨이 열리는 블랙락 사막은 샌프란시스코 근처 네바다의 리노Reno라는 도시에서 약 2시간 정도 더 가면 있다. 사막의 버닝맨이 열리면 그 주변 지역은 1주일 동안 네바다 주에서 가장 큰 도시가 된다. 블랙락 시티라고 부르는데 이 기간에 믿을 수 없을 정도의 빌딩과 구조물이 설치된다. 그리고 버닝맨이 끝나면 흔적도 없이 사라지는 것이다.

여기서 사람들은 가슴과 머리에 담아두었던 열정과 창의성을 불태운다. 학교에 다니면서 이상한 아이로 취급받거나 직장에서 사이코로 불렸던 사람들도 이곳에서는 모두 평범한 사람들로 느껴질 정도다. 그만큼 독특한 사람들이 많다. 예술가, 엔지니어, 법률가 등 직업과 계층도 다양하다. 사막의 뜨거운 열기는 몸을 혹사하고 갈증을 불러일으킨다. 하지만 그들은 새로운 것을 창조한다는 희열에 고통을 묻는다.

버닝맨 참가자들은 그 누구도 관객이 아니다. 새로운 세계를 함께 만드는 동료다. 피난처도 같이 만들고, 물품도 즉석에서 구하고, 차량을 장식해 예술 활동을 벌이기도 한다. 짚으로 된 모자를 쓰고, 처음으로 남자가 치마를 입어보기도 한다. 그릴에 구운 치즈 샌드위치 등 생전 처음 접하는 별미(?)도 맛본다. 그리고 모두 같이 현장에서 만들어진 라디오방송국의 방송을 듣는다.

토요일 밤에는 사막 한가운데서 거대한 원을 그리며 엄청난 규모의 캠프파이어를 한다. 수많은 사람과 새롭게 하나가 된다는 의미의 마지막 미친 짓이다. 그런 다음 돌아갈 때는 며칠 동안 함께 창조한 모든 것을 부수고 태워버린다. 일부 자원봉사자들이 남아서 몇 주 전의 사막과 똑같은 상태로

복원하면 행사는 완전히 끝난다. 하지만 버닝맨의 기억, 인연, 네트워크는 계속 발전한다. 새로운 세계를 같이 만든 경험을 공유하는 것이다.

사실 버닝맨은 실리콘밸리의 수많은 직원이 참여하는 행사다. 이 기간이 되면 실리콘밸리의 인구가 줄어든다. 평소보다 차량도 적고 주차공간도 여유가 있다. 그들은 1주일 동안 블랙락 시티 곳곳으로 흩어져 신문사, 방송국, 테마 캠프들을 즉석에서 만든다. 새로운 세계를 함께 만들면서 새로운 문화를 몸속 깊이 체험한다. 버닝맨의 문화는 개방, 창조, 자기조직, 공유, 그리고 혁신이라는 실리콘밸리의 문화와 그 맥이 닿아 있으며 계속해서 서로 영향을 주고받는다. 실리콘밸리의 오픈 소스 운동은 바로 이 버닝맨의 개방형 협업에서 비롯된다고 한다. 실리콘밸리의 성공은 버닝맨의 문화와 불가분의 관계에 있다.

버닝맨의 쿨한 만남도 서로 섞이고 하이브리드가 되어가는 과정이다. 앞장에서 이야기한 신성장농력도 산업의 첨단 융복합 트렌드 속에서 나타난 것들이다. 애플은 IT에 인문을 결합하면서 일상의 문화혁명을 일으켰다. 미래 산업생태계를 설계하고 추진할 때도 이런 가치관이 바탕을 이뤄야 한다. 열정과 창의성을 개방하여 모두가 같이 공유하는 순간 새로운 세계가 탄생한다.

하이브리드 신인류의 직업 인식도 버닝맨과 같은 과정을 거쳐 변화하고 있다. 요즘 젊은 친구들이 좋아하는 고부가가치서비스 직업은 대개가 다 서로 다른 분야를 엮어 시너지를 발휘한 것들이다. 요리사는 영화나 드라마와 융화하며 푸드스타일리스트로 진화한다. 관광업은 의료, 휴양과 섞이며 국제적 헬스케어 사업이 된다. 원래 있던 직업이라도 자신만의 취향과 개성을 섞으면 만족도와 소득을 동시에 높일 수 있다. 무엇을 상상하든 직업이 되는 세계! 그 씨앗은 일상에서 나누는 소소한 하이브리드 소통이다.

융복합과 생태계가 바꾸는
미래 한국 청사진

공상과학영화의 묘미 중 하나는 미래의 모습을 엿볼 수 있다는 것이다. 그리고 우리는 영화에서 소개하는 미래상이 얼마지 않아 현실로 나타날 때 전율을 느낀다. 예컨대 아이작 아시모프의 소설을 원작으로 한 영화 「아이로봇」에는 신기한 자동차가 등장한다. 주인공이 자동운전 모드를 선택하고 운전대에서 손을 놓으면 자동차가 스스로 운전한다. 이 장면을 현실로 만든 것은 구글이다. 미국의 네바다주가 구글이 개발한 무인자동차에 세계최초로 면허를 발급했다. 공상과학영화에나 나오던 미래의 자동차들이 하나 둘 우리의 곁으로 다가오고 있다.

사람의 일을 대신하는 휴머노이드 로봇도 2030년경에는 싱용화될 것으로 보인다. 그렇게 되면 평범한 가족의 일상생활이 어떻게 바뀔까? 가정주부는 식사 때마다 메뉴 때문에 골머리를 썩일 필요가 없다. 계절과 날씨는 물론이고 주인의 취향과 건강까지 고려해 가사 로봇이 요리도 추천하고 정보도 제공한다. 식사 뒤엔 그릇들을 식기세척기에 넣고 식탁을 정리한다. 부엌 일이 끝나면 집안 곳곳을 다니며 청소를 한다. 또 세탁물을 세탁기에 집어넣고 시작 버튼을 누른 다음 마른빨래는 다림질해서 주인에게 건넨다.

가사 로봇이 집안일을 보는 동안 교육로봇은 미취학 아동에게 한글을 가르쳐준다. 아이와 문답식으로 게임을 하며 공부에 재미를 붙이게 한다. 학교에서 돌아온 중학생에겐 숙제에 필요한 자료를 찾아주거나 수업 중에 몰랐던 내용을 보충설명 해준다. 외국인 원어민 교사의 아바타 역할도 빼놓을 수 없다. 로봇 얼굴의 모니터에 외국인 교사의 얼굴이 나타나 영어회화 수업을 진행한다.

실버 로봇은 몸이 불편한 노인들을 돌본다. 주인으로 모시는 노인이 아침에 눈을 뜨면 제일 먼저 체온, 혈당, 혈압, 안색 등 건강 상태를 점검한다. 정보는 실시간으로 주치의에게 전송하고 병원으로부터 돌봐야 할 사항을 지시받는다. 어깨와 등을 안마하고 스트레칭을 돕는 건 기본이다. 주인의 상태가 갑자기 나빠질 땐 병원과 가족에게 긴급 연락할 수 있는 통신 시스템도 갖추고 있다.

미래는 예측하는 것이 아니라 함께 디자인하고 만들어가는 것이다. 그렇다면 하이브리드 신인류가 일궈낼 가까운 미래는 어떤 모습일까? 영화에서 본 것처럼 가사 로봇이 집안일을 도맡아 처리하고, 만국어 번역기로 외국인과 자유로이 소통하고, 자동 신원인식 시스템이 보편화하는 편리한 세상이 곧 도래할까?

실제로 과학기술의 발전은 우리가 상상하는 것보다 훨씬 급속도로 진행되고 있다. 유비쿼터스, 뇌과학, 로봇 등 기술 융복합에 따른 새로운 기술이 연이어 등장했다. 교육과학기술부의 미래비전 자료를 보면 삶의 모습이 어떻게 변화할지 가늠이 된다. 자연과 함께하는 세상, 풍요로운 세상, 건강한 세상이 목전에 와있다.

　　하이브리드 신인류는 조만간 청정에너지가 넉넉한 삶을 누리게 된다. 수소 연료전지 발전소(2025년)와 우주 태양 발전시스템(2040년)이 머지않아 현실화될 것이기 때문이다. 그뿐만 아니라 정확한 기후예측 정보로 날씨 걱정이 사라진다. 지구환경과 기상재해를 예측하는 것은 물론(2030년), 인공적으로 눈과 비를 조절할 수 있게 된다(2035년).

　　녹색혁명은 하이브리드 신인류의 식단을 더욱 풍요롭게 할 것이다. 유전자 변형 생물체의 위해성을 평가하고(2016년), 맞춤형 유전자 변형 농축산물을 생산한다(2018년). 첨단 기능성 소재도 쏟아져 나온다. 초경량 고강도 건축 소재(2015년), 차세대 초전도 소재(2023년), 자가 회복 지능형 소재(2025년) 등이 생활환경을 바꿔나갈 것이다.

　　초고령 사회도 걱정이 없다. 인공혈액(2024년), 나노로봇 치료(2028년), 장기재생(2031년) 등 꿈의 바이오 기술이 차례로 선을 보이며 건강하게 늙어갈 수 있게 된다. 전염병 방어시스템(2015년), 면역질환 치료(2025년)로 새로이 출현하는 돌연변이성 질환에 대한 대응체계도 갖춰질 예정이다.

　　스마트 IT 기술 역시 진화를 거듭할 것이다. 제품과 서비스를 넘어 개인의 경험까지 융복합되며 각종 기기가 사용자의 의도와 감정까지 파악할 수 있게 된다. 사용자를 구분하는 TV, 환자에게 최적화된 U-헬스케어 의자, 사람마다 맞춤정보를 제공하는 리모컨 등이 조만간 등장한다. 또 개인별 콘텐츠의 융합적 이용도 가속화될 것이다. 집에서는 IPTV, 이동 중에는 스마트폰, 친구를 기다릴 때는 길거리의 디지털 사이니지 등을 통해 언제 어디서나 자기 콘텐츠에 접근할 수 있다.

산업생태계의 변화도 다른 차원으로 펼쳐진다. IT벤더, 전문가, 엔지니어 등이 이끌던 IT시장은 점차 개인 중심으로 이동할 것이다. 이와 함께 개인 맞춤형 생산도 늘어날 것으로 예상한다. 아이폰의 디자인, 갤럭시의 기능, 블랙베리의 쿼티 자판을 갖춘 나만의 스마트폰을 손에 쥘 수 있다는 말이다.

따라서 그동안 대기업들의 그늘에 가려 있던 중소기업들이 약진할 가능성이 크다. 그들은 맞춤 소비자 그룹을 겨냥한 개성 있는 상품들을 만들어낼 것이다. 대량 생산 체제에서 규모 논리에 묻혔던 창의성과 감수성이 마음껏 펼쳐진다. 전혀 무관해 보이는 요소들을 융합한 독특한 상상력이 소셜 네트워크를 타고 퍼져 나가 무궁무진한 시장을 열어준다.

하이브리드 신인류도 '디지털 네이티브'에서 '소셜 네이티브'로 진화할 것이다. 소셜 네이티브는 '디지털 이중국적자'다. 소셜 플랫폼을 기반으로 가상과 현실을 자유롭게 넘나든다. 그들은 인터넷과 모바일 세계를 자연스러운 생활공간으로 받아들인다. 그 안에서 자신만의 세계를 가지고 다른 사람과 능수능란하게 관계를 맺는다.

아마도 10년쯤 후에는 어린이들의 학습이 이렇게 바뀔지도 모르겠다. 역사학에 흥미를 느낀 초등학생이 교사가 만든 온라인 역사게임 커뮤니티에 가입한다. 그곳에는 또래 아이들이 대영제국을 주제로 한 게임에 열중하고 있었다. 그 친구들의 그룹에 합류한 초등학생은 게임 속 미션과 스토리를 따라가며 자연스럽게 대영제국에 대해 알게 된다. 플레이가 벽에 막힐 때는 친구들끼리 서로 도우며 풀어나간다. 이 커뮤니티에서 선생님은 방향만 제시하며 주도적 활동은 아이들에게 맡긴다.

소셜 플랫폼의 그룹들은 정보와 이야기를 생산하고 전파하고 공유하며 '소셜 부족'을 형성한다. 이들은 느슨한 관계를 유지하다가도 관심 주제에 대해서는 조직적인 결집력을 보여준다. 소셜 공간에서의 협업은 거대한 네트워크 지성으로 재탄생한다. 현재의 집단지성이 그냥 지식을 모으는 것이라면, 네트워크 지성은 관계와 관계 속에서 지식이 섞이고 재창조되는 것이다. 이를테면 '하이브리드 지성'인 셈이다.

이렇게 되면 정부나 기업도 더는 조직 내부에서만 혁신 아이템을 찾으려 하지 않을 것이다. 세계 어디서나 필요한 아이디어를 구할 수 있는 글로벌 네트워크 소싱이 가능해진다. 현재 시도되고 있는 '오픈 이노베이션'은 하이브리드 지성의 발달에 따라 일반화될 것이 틀림없다.

지금껏 한 번도 경험하지 못한 새로운 민주주의가 소셜 네트워크를 타고 성큼성큼 다가서고 있다. 2006년 말 『타임』지는 올해의 인물로 'You'를 선정했다. 이제 한두 명의 영웅이 세상을 바꾸는 시대는 갔다. 평범한 사람들의 하이브리드 지성이 미래의 메가 트렌드를 만들어 나간다. 소셜 네이티브로 진화하는 하이브리드 신인류가 진정한 시대의 주인으로 자리매김하고 있다.

박명규 외, 「2010 통일의식조사」, 서울대통일평화연구원, 2010년

박명규 외, 「2011 통일의식조사」, 서울대통일평화연구원, 2011년

강준만, 『강남좌파』, 인물과사상사, 2011년

조국 외, 『진보집권플랜』, 오마이북, 2010년

강원택, 『한국 정치 웹 2.0에 접속하다』, 책세상, 2008년

강원택, 「당내 공직 후보 선출 과정에서 여론조사 활용의 문제점」, 「동북아연구」 14권, 경남
　　　대학교 출판부, 2009년

곽승준 외, 『스마트자본주의 5.0』, 나남출판사, 2012년

장하준 외, 『무엇을 선택할 것인가』, 부키, 2012년

KI신서 4287

곽승준 강원택의 미래 토크

1판 1쇄 발행 2012년 9월 28일
1판 3쇄 발행 2012년 10월 12일

지은이 곽승준 강원택
펴낸이 김영곤 **펴낸곳** (주)북이십일 21세기북스
부사장 임병주 **MC기획2실장** 안현주
기획 손인호 조영갑 오미현 이지혜 **디자인 표지** twoes **본문** 노승우
마케팅영업본부장 최창규 **마케팅** 김현섭 강서영 **영업** 이경희 정병철
출판등록 2000년 5월 6일 제10-1965호
주소 (우413-756) 경기도 파주시 문발동 파주출판단지 518-3
대표전화 031-955-2100 **팩스** 031-955-2151 **이메일** book21@book21.co.kr
홈페이지 www.book21.com **트위터** @21cbook **블로그** b.book21.com

ISBN 978-89-509-4044-7 03320
책값은 뒤표지에 있습니다.